네 손을
놓지 않을게

발달장애 자녀를 둔 엄마들의 이야기

네 손을 놓지 않을게

우리맘모아 엮음

상상미디어

책을 내며

그 시작은 불안함과 두려움이었습니다

10년 전, 아이들이 고등학교에 진학하면서 마음은 더 조급해졌고 머지않아 사회에 내보낼 생각을 하면 너무 겁이 나서 그냥 시간이 멈추었으면 했습니다. 세상에 저 혼자인 것 같았습니다. 우리 모두 그랬습니다.

그즈음, 아이들을 통해 만난 우리는 서로의 손을 꼭 잡았고, 서로 의지하며 막연한 걱정대신 아이들의 미래를 위해 공부하고 준비하기로 했습니다. 그렇게 겁쟁이 엄마들이 간절한 마음을 한데 모아 '우리맘모아'가 되었습니다.

그러던 중, '지금 우리가 알고 있는 것들을 그때 알았다면…' 하는 아쉬움에 후배 엄마들에게 우리의 경험을 나누기로 했습니다. 엄마들을 인터뷰하고 녹음하고 그 내용을 정리하여 우리만의 책 《아임파인-괜찮아요》, 《아임파인-학교생활 편》, 《위드 스탠드-함께하다》를 만들었습니다. 비뚤배뚤 다소 어색하고 어설픈 그 책이 우린 너무 좋았고 뿌듯했습니다.

어느새 아이들은 성인이 되어 각자의 자리에서 자신만의 방식으로 잘 적응하고 있고, 느리지만 조금씩 성장하고 있습니다.

그래서 이번에는 세 권의 '우리만의 책'에 그동안의 경험을 더하여 《네 손을 놓지 않을게》를 더 넓은 세상에 선보이려 합니다.

책은 아이의 장애를 알게 된 그날부터 학령기의 다양한 경험, 사회인으로 자리매김하기까지의 과정과 비장애 형제와 가족 이야기, 아이들과 함께하는 선생님 및 전문가들의 이야기를 담고, 마지막으로 후배 엄마들에게 하고 싶은 말과 후배 엄마들이 주신 질문의 답변으로 마무리하였습니다.
출간을 앞두고 긴 여정의 끝자락에 선 지금 감사한 얼굴들이 떠오릅니다.

지난해 겨울, "우리 이야기를 정식 출간해 보면 어떨까?"라는 다소 황당한 제안에 기꺼이 동행해 준 편집부 김광진, 김사라, 김진희, 박은주, 김정수, 정순연 님, 모인 글들을 정리하고 기록하고 다양한 업무를 늘 밝은 얼굴로 도와주신 이현정, 홍은주 사회복지사님, 한결같이 '우리맘모아'를 지지해 주시는 조미진 관장님 이하 여러 사회복지사님께 감사의 마음을 전하고 싶습니다. 또 저희의 뜻에 함께하여 바쁜 일상 중에 인터뷰에 응해주신 어머님들과 가족, 진심이 담긴 귀한 원고 보내주신 선생님들께도 감사드립니다.
마지막으로, 얼기설기 어설픈 우리들의 글, 그 안에 진심을 알아보시고 친구를 응원하는 마음으로 책의 출판을 도와주신 '도서출판 상상미디어' 김혜라 대표님께 정중한 감사 인사드립니다.

이 책이 힘껏 날개를 펴고 넓은 세상 훨훨 날아 지금 아이의 장애로, 불안한 미래로, 내 안에 갈등으로 힘든 시간을 보내고 있을 우리 후배 엄마들과 그 가족들에게 따뜻한 위로가 되어주기를, 귀한 자녀를 양육하시는데 조금이라도 도움이 되길 바라며, 우리맘모아 회원 모두는 한마음으로 여러분을 응원합니다. 감사합니다.

2024년 11월
우리맘모아 대표 이진희 외 회원 일동

목차

2부 우리는 가족입니다

3부 더불어 함께 살아갑니다

선생님들이 지켜본 아이 이야기

바라볼수록 보고 싶은 아이들 · 치료현장에서 경험하는 여러 가지 생각 · 당신과 함께, 위드스탠드
(With + Stand) · 장애통합 어린이집 교사의 소확행 · 그림으로 말하는 아름다운 세상 · 나도 매일
우.영.우.를 만난다 · 발달장애인 취업 이렇게 준비하세요

4부 맘모아 엄마들이 응원합니다

후배 엄마에게

그 끝에는 늘 새로운 시작이 있더라고요 · 아이의 학교생활에 당당해지세요 · 아이도 위험에 노출될 필
요가 있어요 · 같은 어려움을 가진 어머니들과 소통하며 이겨내요 · 비장애 형제·자매들에게도 많은 관
심을 · 꾸준히 하는 게 중요해요 · 생애 포트폴리오와 돌봄 지침서 · 아이의 장애 앞에 당당한 엄마가 되
세요 · 약을 사용할 때는 충분한 고민이 필요해요 · 아이의 공격성을 대하는 다양한 방법 · 너는 네 모습
대로 예쁘게 살면 돼 · 엄마를 지탱시켜 주는 힘 · 왜 아이만 붙들고 있어?

글로 쓰는 마음 이야기

엄마의 마음 낙서장 · 그래도 괜찮아 · 자유를 욕망하라!

Q & A

Q & A · 발달장애인을 위한 기도

1부
그래도 아이는 성장합니다

장애를 알게 된 그날
남들과 다르지만 평범한 일상
함께 사는 방법을 배우는 학교생활
어엿한 사회인으로의 자리매김

네 손을 놓지 않을게

1부 – 그래도 아이는 성장합니다

장애를 알게 된 그날

개나리가 흐드러지게 피었던 그날

...

그때는 한창 봄날이었다. 아이의 장애진단 검사결과를 듣고 돌아오는 길, 엄마가 숨이 멎을 것 같은 먹먹한 심정으로 걷는 길가에 개나리는 무심하게도 흐드러지게 피어 있었다.

주원이는 어릴 적부터 너무 순했다. 동네 엄마들이 집에 놀러와 떠드는 소리에도 별다른 반응을 보이지 않고 한쪽 벽 구석에 붙어 꼼짝 않고 누워 있기만 했다. 그런 점이 좀 이상하기는 했지만 아이는 우유만 먹여 놓으면 잠도 잘 자서 별다른 문제는 없는 듯 보였다.

그런데 아이가 15개월 무렵, 홍역 예방접종을 받고 난 후, 열이 사나흘 간격으로 오르고 내리기를 반복했다. 소아과 의사는 단순 열감기로 진단했다. 열은 내렸지만 아이가 이상 행동을 보이기 시작했다. 계속 먹기는 하는데 잠은 자지 않고, 특히 밤만 되면 울었다. 그럴 때면 아이를 업고 아파트 마당을 수없이 돌며 재웠다. 동네 놀이터에 가면 또래 아기들은 두세 명씩 어울려 노는데 주원이는 걷는 것도 빠르고, 기저귀도 빨리 뗐는데 또래들과 전혀 어울리지 않았다. 유모차에 앉혀 놓으면 일어나지 않고, 손가락을 빨다가 잠만 자기 일쑤였고, 유모차에서 내려놓으면 그대로 한길로 내달려 애를 먹였다.

어느 날, 주원이 외할머니댁에 갔는데 멀리서 마중 나온 외할머니가 "주원 아!" 하고 부르며 반겼다. 큰 애는 "할머니~"하고 달려가는데 주원이는 관심 없이 엉뚱하게 다른 방향으로 내달렸다. 그 순간, 외할머니는 아이의 행동에서 이상함을 느끼고 가슴이 철렁 내려앉았다고 하셨다. 외할머니는 엄마에게 아이를 검사해 보라고 조심스럽게 권유했다. 이전에도 한 친척이 아이를 검사해보라고 해서 엄마는 불쾌한 적이 있었다. 하지만 결국 30개월 무렵 아이의 검사를 진행했다.

의사는 아이가 아직 어리기 때문에 섣불리 판단하기는 이르지만 아이에게 유사 자폐 증상이 있다는 진단을 내렸다. 또 아이가 자라면서 반드시 좋아진다고 장담할 수는 없지만, 엄마 노력에 따라서 아이가 달라질 수 있으니 낙심하지 말고 잘 교육하라고 위로와 조언을 해주었다.

엄마는 그날 이후로는 개나리를 좋아할 수 없다. 그때의 그 먹먹했던 감정이 너무도 생생하게 떠오르기 때문이다.

3개월이면 말을 할 수 있을까요?

...

도윤이는 6살에 장애진단을 받았다. 아이가 17개월 무렵, 엄마는 도윤이가 주변 또래 아이들과 좀 다르다고 느꼈다. 그때 이전에 보았던 자폐증을 소재로 한 드라마가 불현듯 생각났고, 설마하는 마음으로 상담을 받았다. 자폐라고 진단을 받기 전에, 처음에는 언어치료부터 받았다. 엄마는 도윤이가 몇 달만 언어치료를 받으면, 말을 할 수 있으리라 기대했다. 하지만 아이는 치료를 받은 후에도 말을 할 기미가 전혀 보이지 않았다.

"아이가 3개월이면 말을 할 수 있을까요? 아니면 1년 후에는?"

답답한 엄마는 선생님께 물었다. 선생님은 아무 말 없이 그저 난감한 표정만 지었다. 기대가 무너진 엄마는 눈물을 쏟고 말았다. 그 후로도 아이는 여러 대학병원을 전전하며 상담을 받았는데, 결국 6살에 자폐성 장애진단을 받았다. 엄마는 아이가 장애진단 받은 것을 도저히 실감할 수 없었다. 하지만 도윤이가 시간이 지나면 나아질 거라는 막연한 희망의 끈을 놓지 않아서인지, 그 순간이 그리 충격적이고 우울하지는 않았다. 아이가 성장하면서 엄마는 차츰 아이의 장애를 받아들이게 되었다.

눈을 맞추지 않는 아이

...

서현이는 미국에서 태어났다. 아기는 6개월 무렵부터 좋아하던 목욕을 심하게 거부하거나 갑자기 자지러지게 우는 일이 잦았다.

엄마는 아이의 변화가 조금 이상했지만, 육아는 처음인지라 그저 자연스러운 아이의 발달 과정으로 여겼다. 서현이는 2살 무렵까지는 언어 발달이 좀 늦기는 했지만 간단한 단어도 구사하고 책도 읽어달라고 하는 등 크게 특이한 점은 없었다. 그런데 두 돌 이후부터 아이는 말을 전혀 하지 않고 눈도 맞추지 않았다.

육아 경험이 많은 어르신들은 "말이 좀 늦는다고 생각하라."며 안심시켰지만 엄마는 아이가 눈을 맞추지 않는 점이 가장 불안하고 걱정스러웠다. 애써 아이와 눈을 맞추려고 하면 아이는 짜증을 내며 고개를 돌려버리곤 했다. 병원에서는 아이가 아직 어리고 환경 변화가 많았으니 일단 언어치료를 하며 지켜보자고 했다. 그 이전까지 몇십 개의 단어를 말하던 아이는 세 돌 쯤부터 언어 치료를 받으며 그냥 아무 말도 못 하는 수준에서 다시 말을 배우기 시작했다.

그 후 여러 병원을 전전하며 많은 상담이 이어졌다. 대부분의 엄마처럼 서현이 엄마도 불안한 마음으로 아이를 지켜 보며, '아이가 자폐일까? 설마 아니겠지? 자폐만 아니었으면….' 하면서 오랫동안 희망을 놓지 못했다. 하지만 자폐증에 관한 전문가로부터 아이가 말을 잘하다가 두 돌부터 입을 딱 닫아버렸던 것은, 전형적인 자폐증 증상이라는 진단을 받았다.

장애진단을 받기까지의 힘든 과정

...

승주는 생후 10개월 무렵, 아빠의 유학으로 미국에 가서 생활했다. 그때까지 신체적인 성장 뿐 아니라 발달 과정 모든 면에서 문제가 없었다. 여느 아기들처럼 돌이 조금 지나서 걸었고 24개월 때 대소변을 가린 이후로 이불에 실수한 적도 없었다. 다만 말이 좀 늦은 편이었는데 큰 애도 말을 늦게 시작했고 언어환경이 다른 미국에서 생활한 영향으로 여겼기 때문에 부모는 아이의 장애를 전혀 의심하지 않았다.

그런데 36개월에 킨더가든(미국의 유치원)에 보냈는데, 승주가 한 아이를 밀쳐서 하루 만에 쫓겨난 일이 생겼다. 미국은 아이의 폭력적인 행동은 사소한 것도 용납되지 않는 곳이다. 그때 담당 선생님은 아이의 청력 이상을 제기하며 아이가 듣지 못하기 때문에 반응을 하지 않는다고 말했다. 그리고 검사를 권유하며 장애 관련 시설들까지 소개했다. 아이는 두 번이나 청력 검사를 받았지만 이상이 없었다.

하지만 엄마는 불안한 마음에 다른 검사를 받았다. 아이의 행동에 특이점도 보였다. 엎드려서 장난감 자동차 바퀴가 굴러가는 것을 계속 쳐다봤는데 여느 또래 아이들도 호기심에 할 수 있는 행동이지만 엄마는 그 눈빛이 심상치 않음을 느꼈다.

이후 아이는 초등학교 내에 있는 특수유치원을 오전에 3시간씩 다녔다. 그때는 영어도 곧잘 알아듣길래, 엄마는 아이가 조만간 말을 할 수 있으리라 기대하며 또 1년을 보냈다. 만 4살 무렵, 한국으로 돌아와서 유치원을 보냈는데 아이는 너무 산만해서 가만히 있지 못하고, 말을 알아듣지도, 하지도 못했다. 기껏 "우유" "마미" 정도의 옹알이 수준의 말만 할 뿐이었다. 아이의 성장 과정에서 여러가지 의심으로 결론을 내리지 못하다가 결국 승주는 병원에서 자폐증 판정을 받았다.

네 손을 놓지 않을게

아이가 살 수 있을까요?

...

임신 6개월 무렵, 엄마는 혼수상태에서 응급 분만을 하게 됐다. 은우는 미숙아로 태어나 뼈까지 비칠 정도의 투명한 여린 몸으로 수술 받고, 1년 여를 인큐베이터 안에서 인공호흡기를 달고 살았다. 그때는 아기의 장애 여부는 상상도 못했고, 그저 생존할 수 있을지만 걱정했다. 누워있는 기간이 길어지다 보니 아기가 목은 가눌 수 있을런지, 그러다가 목을 가누면 뒤집지 못할까봐 노심초사했다. 아니나 다를까 아이는 또래 아이들과 많이 달랐다. 미숙아로 태어난 것이 뇌에 영향을 줄 수 있다고 예상은 했었다. 그래도 장애를 가지고 태어난 것이 아니었기 때문에 발달이 좀 느려도 잘 성장하리라 기대했다. 의사의 말처럼 인간의 뇌가 가진 능력이 무한하니 비록 느리기는 해도 어느 순간 정상이 될 수 있다고 믿었다. 치료는 계속 이어졌고, 5살 무렵에는 사회성을 기르기 위해 어린이집에 보냈다. 그러던 중 아이가 치료 받거나 교육기관을 이용할 때 도움이 된다고 해서 장애 판정을 받았다. 아이의 생존을 걱정했던 엄마는 7살 무렵부터 아이의 장애를 차츰 받아들였다.

기억

김진희

...

그날은 오후부터 진눈깨비가 내렸다. 한 번의 유산을 겪은 나는 모두가 고
대하던 첫 아이를 낳았다. 온몸이 부서지는 듯한 5시간 여의 산고 끝에 출
산을 했지만 드라마에서 흔히 봤던 우렁찬 아기의 울음도, 눈물 겨운 감동
도 없었다. 다만 뿌연 창 밖 너머 퇴근 시간 도시의 부산스러움과 무미건
조한 의료진들의 움직임만 느껴졌다. 아무리 갓 낳은 신생아라지만 아기
는 미처 다 여물지 못하고 나온 듯한 모습으로 이목구비는 엄마, 아빠 누
구도 닮지 않고 낯설기만 했다.

그날 밤 의사는 내가 다운증후군 아이를 낳았다고 알려줬다. 다운증후군.
언젠가 방송에서 그 아이들을 보며 순간 좀 불편한 감정을 느꼈던 기억이
있었다. '내가 장애아를 낳았다니….' 나는 순간 눈앞이 노랗게 아득해졌
고 세상의 모든 소리는 무언가가 빨아들인 듯 일순간 사라져 버렸다. '세
상이 멈춘 듯한 충격이란 이런 것인가!' 눈물도 나지 않고, 나는 그대로 굳
어버린 듯했다.

남편과 나는 양가 부모님들이 받으실 충격이 걱정스러워 아기의 상태를 알리지 못했다. 금지옥엽 첫 손녀를 본 엄마는 지극 정성으로 산후조리를 해 주셨다. 나중에 알고 보니 친정어머니는 아기가 심상치 않음을 짐짓 눈치채고 혼자 마음 아파하셨다. 시부모님은 아기가 심장수술로 입원했을 때 알게 되신다.

 산후 몸조리를 하는 동안 나는 끊임없이 신에게 물었다. 아니 마음속으로 절규했다. '대체 내가 왜 이런 아기를 낳았나요! 내가 도대체 무슨 큰 죄를 지었나요!' 나는 그간의 기억을 탈탈 털어가며 나의 죄를 찾고 또 찾았다. 그랬다. 그때 내게 장애를 가지고 태어난 아기는 신의 벌이었고, 세상에 감추고 싶은 수치였다. 나는 잠이 들면 절망적인 꿈에서 허우적거리다 깨어났고, 행여 가족들이 눈치챌까 봐 몰래 눈물 흘리며 괴로워했다.

그날도 혼자 벽을 보고 누워 울고 있었다. 그러다 문득 내게는 왜 이런 일이 일어나면 안된다고 생각하는지를 스스로에게 묻기 시작했다. '내가 무엇이길래? 왜 불행과 고통은 나 아닌 다른 누군가의 몫이어야 하는가?' 나는 무조건 꽃길만 걸어야 한다는 생각은 교만이라는 것을 그때 알아차렸다. 받아들임의 시작이었다. 그리고 얼마 후 마음 깊숙한 곳에서 아주 작은 빛처럼 희미하지만 깊은 소리가 들려왔다. '살아야 한다!'

그날 이후 나는 조금씩 살아가려는 의욕을 느끼고 기운을 차리기 시작했다. 비로소 아기의 달큰한 숨소리가 느껴지며 사랑스러운 마음이 일었다. 선천적으로 건강이 좋지 않았던 아이는 돌 무렵부터 각종 수술, 치료를 연이어 받아야 했다.

장애를 갖고 있는 아기를 출산하자마자 기쁘게 받아들였다는 글을 읽고, 그 사람과 나의 차이는 무엇일까 생각해 본 적이 있다. '그만큼 그는 평소에도 열려 있는 사람이었을까. 어쩌면 나는 세상의 가치 기준에서 한 치라도 벗어날까 두려워하며 편견의 성을 쌓으며 살지 않았을까?' 그것을 부수고 아이가 내 삶으로 들어왔다. 그 세계가 부서지는 것이 내게는 고통이었고, 그것을 부셔준 내 딸은 그래서 축복이다.

나는 점점 비워졌고 낮아졌다.

아이는 자신의 속도로 성장하고 세상과 소통하며 자기만의 삶을 살아간다. 일반적인 것만이 맞다고 정의하는 잣대만 들이대지 않으면, 아이는 그저 나름의 삶을 사는 소중한 존재일 뿐이다. 나는 아직도 자주 혼란스럽고 무능과 한계를 절감하며 무기력해지곤 한다. 하지만 나의 뿌리는 든든해지고 있으며 나의 품은 넉넉해지리라 믿는다.

네 손을 놓지 않을게

네 손을 놓지 않을게

1부 - 그래도 아이는 성장합니다

남들과 다르지만 평범한 일상

나름대로 이유가 있어요

• • •

아이는 자라는 동안 엄마가 이해하지 못하는 말과 행동을 할 때가 있다.
아이 나름대로는 모두 이유가 있는데, 단지 표현방식이 서툴고 의사전달
능력이 미숙해서 이해받지 못할 때가 있다.

상현이는 지역 합창단 소속으로 명동성당에 가곤 했다. 6학년 때, 아이는
버스를 타고 남산 터널 앞을 지나갈 때마다 자꾸 엄마에게 물었다.

"엄마, 용암에선 목욕 못하죠? 용암 뜨겁죠? 죽어요?" 엄마는 무심코 "용
암에서는 목욕 못하지, 죽지."라고 대답했다. 남산 터널 앞에만 가면 같은
질문을 하는 아이는 엄마를 갸우뚱하게 했다. 그러던 어느 날, 엄마는 터
널 입구 근처에 '용암탕'이라는 목욕탕이 있는 것을 발견했다.

엄마는 그제서야 아이의 질문이 이해됐다. 아이는 버스를 타고 그곳을 지
나갈 때마다 '용암탕'이라는 목욕탕 간판을 보고, 용암에서 목욕을 한다는
것을 이상하게 여겼던 것이다. 만약, 엄마가 아이에게 "왜 용암에서 목욕
한다는 생각을 했어?"라고 더 관심을 가지고 물어봤다면 어땠을까? 아마
아이는 '용암탕'이라는 간판을 가리켰을 것이고 엄마는 아이에게 자세히

설명해 줄 수 있었을 것이다. 아이가 상세하게 표현하지 못하는 것들, 단순한 언어로 말하는 이면에는 아이 나름대로의 생각과 호기심이 숨어 있음을 깨닫는 계기가 되었다.

상현이는 동화로 말을 익혔다. 그래서 종종 동화에서 읽은 대사를 그대로 따라 하곤 했다.

5살 무렵 어느 날, 마트에서 아이가 막무가내로 고집을 부렸다. 엄마가 아이의 행동에 당황하고 있을 때, 아이가 느닷없이 카트를 확 밀었다. 하마터면 누군가 다칠 수도 있는 상황이었다. 엄마는 순간 화를 냈다. 그러자 아이는 갑자기 무릎을 꿇고, "엄마, 제발 목숨만 살려주세요. 이 은혜는 꼭 갚을게요."라고 말했다.

순간, 주위에 사람들이 빙 둘러서서 이 광경을 지켜보고 졸지에 엄마는 한 할아버지로부터 아이에게 그러면 안된다는 충고까지 들어야 했다. 난감하고 창피한 상황이 되고 말았던 것이다. 그 무렵, 상현이는 《사자와 생쥐》동화에 푹 빠져 있었다. 생쥐가 사자에게 "목숨만 살려 주세요. 이 은혜는 꼭 갚을게요."라고 하는 말을 그대로 따라 했던 것이다. 대다수의 엄마들은 이처럼 아이 특성에 따라 뜻하지 않은 상황들에 자주 직면하게 되는데, 이런 일상의 경험들을 나누다보면 우리 아이들을 키우는데 많은 도움이 되리라 생각한다.

아이도 감정을 느끼고 표현해요

•••

민호가 6학년 때, 엄마와 함께 정류장에 앉아서 버스를 기다리고 있었다. 그런데 어떤 분이 굳이 자기 자리를 양보하더니, 아이 바로 옆에서 갑자기 찬송가를 부르기 시작했다. 아이를 위해 기도하는 마음으로 부르는 것인지 알 수 없었지만, 엄마는 매우 기분이 나빴다. 그때, 갑자기 민호가 불쾌한 표정으로, "왜 노래 불러요!" 하며 그 사람에게 자신의 감정을 표현했다. 엄마는 아이가 그런 상황에서 자신의 감정을 느끼고, 당당하게 표현하는 것을 보고 한편으로는 안심하고 다행으로 여겼다.

세상에는 좋은 분도 많아요

...

지훈이가 8살 무렵의 일이다. 아이는 집 근처 시장에서 파는 미꾸라지를 매우 좋아했다. 어느 날, 미꾸라지를 살 필요는 없어서 그저 아이가 관찰할 수 있도록 양해를 구했더니 가게 할머니는 흔쾌히 미꾸라지 3마리를 집에 가서 보라고 담아 주셨다.

한번은 제과점에서 빵을 고르고 있었는데, 그 틈에 지훈이가 진열장을 열어서 케이크 위에 있는 'happy birthday'라고 적혀있는 초콜릿만 빼서 먹어버렸다. 엄마는 당황하며 '케이크 세 개를 다 사야 하나.' 고민하는데, 주인아저씨는 "애가 케이크을 망가뜨리지는 않고 그 부분만 떼어먹었으니까 다시 붙이면 돼요." 라며 엄마를 안심시켰다.

어느 날은 장에 갔는데, 지훈이가 바지락을 만지려고 하니까 주인아주머니가 손을 다친다고 제지했다. 그러자 아이는 엄마 손을 잡더니 조개 입에다 갖다 댔다. 그리고 조개 입에서 뽀글뽀글 거품이 나오는 것을 유심히 본 아이는 그게 침으로 느껴졌는지, 자기도 조개에 침을 탁 뱉었다. 순간

주인과 눈이 마주쳤고, 엄마는 '이것을 전부 사야 하나.' 난감했다. 그런데 아주머니가 아무렇지도 않게 바가지로 그 물을 휙 떠서 버렸다. "괜찮아요, 아이니까." 하시는데, 아마 아이에게 장애가 있는 것을 눈치채신 듯했다. 죄송하기도 하고, 감사한 마음에 바지락 한 근을 사서 돌아왔다.

네 손을 놓지 않을게

보고 듣고 표현하는 것을 좋아해요

...

동욱이는 청력 이상이 의심될 정도로 매사에 반응을 표현하지 않았다. 엄마의 말을 알아듣지도 못하고 우는 일이 잦았다. 동욱이가 자폐 진단을 받기 전에 그 증상에 대해 잘 몰랐던 엄마는 걱정하고 고민하면서, 점차 우울해지고 지쳐갔다. 어느 날, 동욱이 이모가 아기 셋을 데리고 놀러 왔는데 아기들이 우는 북새통에도 동욱이는 그저 자동차만 일렬로 세울 뿐, 쳐다보지도 않고 관심을 보이지 않았다.

그런데 이모가 돌아간 후, 엄마는 아이가 벽 귀퉁이에 아기 셋이 기저귀를 차고 있는 그림을 그려놓은 것을 발견하고 매우 놀랐다. 그때 엄마는 아이가 비록 대상에 관심을 보이지 않는 듯하고 반응도 없고, 말로 표현하지도 않지만 주변 상황을 전부 보고, 듣고, 느끼고 있다는 것을 깨달았다.

동욱이는 말이나 행동으로 자기 뜻을 표현하는 것이 어려웠지만 그림으로는 표현했다. 집안 벽을 온통 그림으로 채우곤 했는데, 엄마는 아예 벽에 시트지를 붙여 아이가 맘껏 그림을 그리도록 해주었다. 벽이 아이의 그림으로 가득 차 손님이 올 때면 난감하기도 했으나 그것은 문제가 될 수 없었다. 만약 동욱이에게 그림을 그리지 못하게 했다면 아이와의 소통은 더 힘들었을 것이다.

아이는 마치 그림과 색깔들로 말하는 듯했다. 동욱이는 때로는 특정 색으로 자신의 감정을 표현하기도 했다. 예를 들어 주황색을 쓸 때는 기분이 좋지 않은 때였다. 또 물감을 만지는 것도 좋아했는데, 물감의 촉감과 향으로도 색의 차이를 알고 구분할 수 있는 능력이 있는 듯했다. 동욱이는 그림을 그릴 때는 놀라운 집중력을 보이며 몰입했고 관찰력도 뛰어나서 대상을 매우 세밀하게 표현할 수 있었다.

아이는 그림 그리기를 지도해 주시는 선생님이 자신이 무엇을 해도 적극 지지해주신다는 것을 느끼는 듯했다. 종일 만화만 그린다거나 선생님과 함께 본 책 그림을 재구성해서 그리는 등 아이는 자신이 그리고 싶어하는 주제를 맘껏 표현했다. 엄마는 아이가 그림으로 무언가를 이루기를 기대하지 않는다. 어쩌면 아이가 성장하는 동안 아이의 능력을 보며 혹시나 하는 기대와 낙담 사이를 오랫동안 오르내렸기 때문인지도 모르겠다. 엄마는 은연중에라도 자신과 주위 사람들의 부담스러운 기대가 즐겁게 그림 그리는 아이에게 부담과 상처가 될까 염려가 된다. 엄마는 아이가 그림을 그리는 동안 그저 단순히 행복하기만을 바랄 뿐이다.

훈훈하고 감사한 추억을 선물받았어요

...

승우는 고무찰흙을 처음 접하고, 매우 신기해하며 좋아했다. 항상 장난감 자동차에 깨알만한 바퀴를 붙여서 그 작은 손 위에 올려놓고 다녔다. 가족들과 해외여행을 가던 비행기 안에서 있었던 일이다. 아이가 좌석에 앉아 아끼는 자동차를 갖고 놀다가 그만 잃어버렸다. 하필 야간비행으로 승객들이 모두 잠든 시간이었는데 아이는 울고불고 난리를 쳤다. 엄마와 아빠는 승객들에게 아이가 조금 아프다고 양해를 구하며 손으로 바닥을 쓸며 찾아다녔다.

승객들은 다리를 위로 들어가며 찾으라고 도움을 주었고, 그 모습에 엄마는 감사해서 눈물이 났다. 그 소동 끝에 마침내 자동차를 찾았다. 승우는 휴양지에 가서 손바닥 위에 자동차를 놓고 신나게 놀 수 있었다. 그 승객분들과 돌아오는 비행기도 함께 탔는데, 아이가 괜찮냐며 염려해주셨다. 정말 잊을 수 없는 감사한 경험이었다.

왜 자꾸 쳐다볼까?

...

성훈이를 키우며 다른 무엇보다 주위의 시선 때문에 매우 힘들었다. 가족들과 외식, 외출을 자주 했는데 견디기 힘들 정도로 주변에서 쳐다봤다. 온 가족을 한 번씩 훑어보는 불편한 느낌에 동생은 형과 함께 외식하기를 꺼려하기 시작했다.

어느 날 운동회에서 아이와 함께 불려나간 적이 있었는데, 3~4백 명이 우리 둘만 보는 것처럼 느껴져 완전히 발가벗겨진 기분이었다. 성훈이도 누군가 자신을 자꾸 쳐다보면 매우 기분 나빠한다. 대형마트에서 어김없이 사람들이 쳐다보면 엄마는 일부러 사람들 들으라는 듯이 "우리 성훈이가 이렇게 예쁜데 왜 자꾸 쳐다볼까? 엄마 엄청 불편하네."라고 불편한 심정을 드러냈다. 그러자 아이도 어느 날부터는 똑같이 말한다. "엄마! 저 사람이 나 예쁜데 쳐다봐요."

네 손을 놓지 않을게

시간이 지나면 말할 수 있을 거에요

...

엄마는 윤서에게 장애가 있다는 사실을 주변에 알리는 것이 쉽지 않다. 10여 년 만에 우연히 만난 친구는 아이에게 자폐증이 있다는 사실을 듣는 순간 잠시 말문이 막혔고, 일순간 둘 사이에는 어색한 침묵이 흘렀다. 성당이나 주변인들에게 굳이 아이의 장애를 말하지는 않는다. 어차피 시간이 지나면 말해야 할 상황이 오게 되는데 실은 그 상황에 대비해 항상 마음속으로 준비는 하고 있었다. 엄마는 나름 자연스럽게 얘기한다고 하지만 듣는 사람들은 오히려 당황하며 선뜻 입을 떼지 못했다. 대부분 무슨 말을 해야 좋을지 몰라 그저 가만히 있는 듯했다.

그처럼 아이의 장애에 대해서 처음 밝히는 자리는 늘 분위기가 어색하고 가라앉는다. 윤서 아빠는 아직도 주변 사람들에게 아이의 장애에 대해 말하는 것을 불편해한다. 심지어 아이와 함께 있을 때는 우연히 마주친 친구도 피하는 지경이다. 엄마는 남편이 아이의 장애를 받아들이고 주변에 편하게 말할 수 있을 때까지 기다리려 한다.

실생활에 적용하며 배워요

• • •

엄마는 일상생활 속에서 아이와 교육활동을 한다. 예를 들면, 태훈이와 관용구 공부를 할 때 책에 있는 예문들 중 생활과 동떨어진 것이거나 아이가 이해하기 어려운 내용들이 있다. 그러면 아이의 이해를 돕기 위해, 실생활에서 그 관용구를 적용했다. '찬물을 끼얹다.'를 배우면 '형이랑 재미있게 놀고 있었는데, 아빠가 "시끄러워!"하며 찬물을 끼얹었다.' 또 '간이 철렁했다.'를 배우면 '밤에 줄넘기를 하는데 갑자기 고양이가 나타나서 간이 철렁했다.' 하며 문장을 만드는 훈련을 했다. 이처럼 실생활에서 적절한 상황에 맞는 예문을 만들며 공부하니까 아이가 의미를 확실히 느끼고 쉽게 기억했다.

네 손을 놓지 않을게

아이에게 맞는 교수 방법을 찾아요

...

자폐성 장애인을 위한 《시각적 지원》이라는 교수 학습 안내서가 있다. 인지기능이 좋은 아이들, 시계 보는 것도 가능하고 글씨도 읽을 줄 아는 자폐성 장애 아이들에게 적용하면 효과가 있다고 한다. 이것은 아이 주변에 기호나 문자를 붙여 놓고 그것을 이용해서 아이와 소통하는 방법이다. 예를 들어, 태현이가 항상 목소리를 크게 내서 엄마는 늘 "작게, 작게" 주의를 주곤 했다. 하지만 아이는 그 '작게'가 어느 정도인지 몰랐을 것이다.

그래서 엄마는 빨간 글씨로 '5'를 쓰고 〈응급 상황, 불이 났을 때, 위험할 때〉, '4'는 〈밖이나 운동장에 있을 때〉, '1'은 〈귓속말〉 이렇게 글씨 색깔을 다르게 해서 방에 붙여 놓았다. 그랬더니 이후부터 아이의 목소리 크기가 조절이 되었다. 크게 떠들 때, "1!" 하면 바로 목소리가 작아졌다. 공부할 때나 게임할 때, 자유시간을 가질 때도 시간을 정해놓고 한다. "몇 시까지 자유시간이니, 서로 터치하지 말고 편하게 있자." 하면 아이가 그것을 지키면서 엄마도 많이 편해졌다. 그 후 태현이는 항상 시간을 확인하는 습관이 생겼고, 나중에는 엄마가 굳이 확인하지 않아도 스스로 잘 지켜 나갔다.

아이의 변화를 보며 엄마는 그동안 아이의 특성을 세심하게 이해해서 지도하려고 노력하기보다는 장애의 유형이라는 '틀' 안에서 규정된 해결방법만 고집했다고 생각했다. 같은 장애를 갖더라도 아이에 따라 가르치는 방법이 다를 수 있으며, 아이를 세심하게 알아가는 노력이 필요한 것 같다.

네 손을 놓지 않을게

스스로 할 수 있도록 해요

...

유준이는 고등학교 3학년 때 졸업 후 진로를 위한 평가를 받았다. 평가에서는 아이의 일상적인 활동 수행 능력이 매우 중요했다.

엄마는 아이가 자라는 동안 머리 감거나 양치하고 헹구는 법, 옷 개는 방법 같은 것을 굳이 가르치려고 애쓰지 않았다. 이런 활동들이 학교에서 실용 과목인 것을 알았을 때, 미리 교육시키지 못한 것이 후회스러웠다.

엄마가 나름 귀하게 키운다고 아이가 못하는 것을 대신 해주었기 때문에 아이는 스스로 할 수 있는 능력을 더 키울 수가 없었다.

유준이는 식사할 때 지저분하게 흘리면서 먹는다. 식사 때마다 아이에게 흘리지 말고 깨끗이 먹으라고 잔소리를 하는데 아이는 듣는 둥 마는 둥 했다.

어느 날 아빠가 아이에게 호통치며, 얼굴을 그릇 가까이 대고 먹으라고 했다. 그러자 아이가 아빠 말을 듣고 그대로 따랐다. 그 모습을 보고 엄마는 아이에게 부드럽게 말하며 지도하는 것도 좋지만, 때로 필요한 상황에서는 단호하게 지도할 필요도 있다는 것을 느꼈다.

예전에는 유준이가 원하는 것이 있으면 엄마가 미리 눈치채고 그것을 알아서 해줬다.

하지만 요즘은 아이에게 "뭐 하고 싶어? 뭐 할 거야?" 하고 자꾸 질문한다. 그러면 아이는 완벽한 문장은 아니더라도 "블랙커피, 짬뽕"하고 대답한다. 엄마는 아이가 짧은 문장 하나, 목적어, 동사 정도만이라도 말 할 수 있도록 계속 물어본다. 그래도 어려워하면 아이에게 직접 적어보게도 한다. 일상 생활 속에서 올바른 습관을 익히고 작은 표현이라도 자꾸 말을 하는 훈련은 아이의 자립 능력을 키우는데 매우 중요하다.

그래도 아이는 자라요

•••

상균이는 어릴 때 자기 마음대로 안되면 악을 쓰면서 머리카락을 쥐어뜯거나 머리를 벽에 부딪치고 바닥에 뒹구는 것이 일상이었다. 복지관에서 교육을 받고 병원 치료를 받아도 나아지기는 커녕 더 심해졌다. 어느 순간 엄마는 더 이상 아이에게 끌려 다녀서는 안되겠다는 생각이 들었다. 처음에 엄마가 행동을 제지하면 아이는 그칠 줄 모르고 울며 반발했다.

그런데 그 다음에 같은 장소에 갔을 때는 떼를 쓰지 않았다. 엄마는 이후 아이에게 안되는 행동들을 알려주기 위해서 매우 엄하게 대했다. 한 행동을 엄하게 바로잡으면 아이는 그 행동을 반복하지 않았다. 엄마는 마음 한 켠 짠하기도 했다. 아이에게 칭찬보다 야단을 많이 치고, 좀 더 부드럽게 대하지 못하는 것이 미안하고 안쓰러웠다. 하지만 아이가 커가면서 고집도 세지고 힘이 세지면 제어하기가 더 힘들다는 것을 알기에 엄마는 마음을 다잡았다. 차츰 아이의 행동에 변화가 오면서 보람도 느꼈다.

상균이는 말을 못했다. 40개월 무렵부터 한글 학습지를 시작했으나 언어는 늘지 않았고 산수도 되지 않았다. 엄마가 알아들을 수 있을 정도의 말을 한 것이 7살 무렵이었다. '사과'를 '아과'라고 말했는데 엄마는 그 순간을 잊지 못한다. 아이는 어린이집을 졸업할 때쯤 "안녕히 계세요."라는 인사말을 할 수 있었다.

일반 학교에 진학하고 2학년 쯤 아이는 복지관에 혼자 가겠다고 했다. 엄마는 불안했지만, 아이를 믿었다. 3학년 무렵 아예 핸드폰을 사 주고 자신의 위치를 설명해보도록 하면서 혼자 다니는 훈련을 했다. 상균이는 용돈기입장을 썼다. 처음에 만 원씩 주었는데 아이는 간식도 사 먹으면서 차츰 필요에 맞게 돈을 나눠 쓸 줄 알게 되었다. 식습관은 까다로워서 고기, 채소를 거의 안먹었는데 보기만 해도 다 토해버릴 정도였다. 유치원 선생님은 아이가 토해서 자신의 옷을 버리는 일이 다반사여도 포기하지 않고 아이의 식습관을 지도해주셨다.

아이의 부족한 부분을 솔직하게 선생님께 상담해서 아이를 이해하실 수 있도록 해야 적절한 도움을 받을 수 있다. 감각통합 교육도 받았는데 대개 치료비가 부담스럽고 눈에 띄는 효과가 금방 나타나지 않아 중단하는 경우가 많다. 상균이는 중단하지 않고 꾸준히 1년 정도 받았는데 많이 호전되었다. 엄마는 가끔 포기하고 싶은 마음도 들었지만 아이는 물을 주고 나면 확 자라있는 콩나물처럼 어느 순간 부쩍 성장해 있었다.

안전과 흥미 사이에서 균형을 맞춰요

...

말을 잘 하지 않는 서현이는 엄마에게 학교생활에 관해 이야기를 거의 하지 않는다. 아이는 하루 7~8시간을 학교에서 지내는데 엄마는 불안할 때가 많다. 신체적인 활동을 좋아하는 아이는 방과 후에 체육과 댄스 수업을 받는데, 함께 하는 아이들이 주로 남학생들이다. 거의 성인처럼 체격이 큰 남자 고등학생 사이에서 홀로 여자이기 때문에 엄마는 걱정이 된다. 서현이는 아이들을 남·여 구분없이 단순하게 친구로 생각한다. 성과 관련한 안전에 대한 우려 때문에 서현이가 또래 여자아이들이 많이 참여하는 수업을 받기를 원하지만 아이는 남학생들이 많은 활동적인 수업을 좋아한다. 그래서 엄마는 아이 주변 남학생들의 성향에 늘 예민하게 된다. 아이의 흥미와 이성과 관련한 안전 사이에서 좋은 해법을 찾기가 쉽지 않다.

딸이기 때문에 더욱 살펴야 해요

...

장애를 가진 딸을 키울 때는 여성만의 자기관리 면에서 교육시켜야 할 것이 많다. 요즘 사회적으로 성과 관련된 사건도 빈번하게 일어나기 때문에 딸을 둔 엄마들은 늘 불안하다. 현지는 지적장애를 가지고 있다. 엄마는 아이의 성과 관련한 안전에 늘 긴장한다. 현지에게 "네 몸은 소중한 거야. 누군가 만지려고 하면 '하지 마세요!'라고 하고 무슨 일이 있으면 반드시 엄마나 선생님께 알려라."하고 지도한다. 또한 어떤 치료든 남자 선생님과 단둘이 받는 것이 불편하다. 하지만 한편으로, 다양한 활동을 통해 아이가 남학생들과 바람직한 관계도 형성하도록 돕고 있다.

사춘기에 들어서자 현지도 생리를 시작했다. 현지는 생리할 때마다 여전히 스스로 대처하는 것이 미숙하다. 생리 시작 전의 자신의 몸의 변화를 느끼고 표현하도록 지도하지만, 아이는 잘하지 못한다. 생리뿐만 아니라 아이가 자신의 몸에 대한 자각을 해서 불편함, 불쾌함을 설명할 수 있도록 엄마와 가족들은 많은 주의와 노력을 기울여야 한다. 이는 성장할수록 아이의 건강과 안전에 있어서 매우 중요하다.

유준이는 밖에서 가끔 바지에 손을 집어넣는다. 엄마가 살펴보니 살이 옷에 쓸리기도 하고, 가려운 듯해서 약을 발라주었다. 그러다 문득 아이의 행동이 성적인 것이라고 여긴 엄마는 아이가 남들 앞에서 바지에 손을 넣을 때마다 주의를 주었다. 어쩌다 아이의 행동을 보는 아빠는 위압적으로 혼내기만 하기 때문에 아이는 무서워할 뿐, 교육에는 효과가 없다. 이럴 경우 아빠가 관심을 가지고 적절하고 단호하게 지도해야 한다. 의사소통이 어려운 아이들은 가려워서 긁는지, 성행동인지 구분하기가 어려워 지도에 어려움이 있다. 한 사회복지사는 그런 경우 아이에게 잠깐 시간을 정해주고 화장실로 가도록 하여 외부에서 민망한 행동을 하지 않도록 지도한다고 했다.

발달장애 청소년의 성교육

...

발달장애 아동들도 다른 영역에서의 발달은 느릴 수 있으나 신체적인 성장은 계속 이루어지기 때문에 청소년기가 되면 사춘기에 나타나는 특징들이 나타난다. 그중에 가장 유의해야 하는 부분이 '성' 문제이다. 발달장애인들의 본능적인 행동들은 성적 오해를 받기 쉬우며 의사소통 능력이 미숙해서 문제를 더 확대시킨다. 성교육의 어려움, 성추행이나 성폭력의 개념도 인지하지 못하는 점, 공공장소와 사적 장소를 구분하지 못하는 점, 성 문제 행동으로 가해·피해가 발생하는 점 등이 주요 문제이다. 이런 부분에서 가족들이 포기하거나 무관심한 태도를 보이게 된다면 성 문제 행동은 더 심각해진다고 한다. 그러나 전문가들은 돌봄의 질과 교육에 따라 성 문제 행동은 충분히 달라질 수 있다고 보고 있다.

우선, 신체에 대한 교육을 시켜야 한다. 자신의 신체에 대한 명칭을 명확하게 가르치고 올바른 지식을 알려주어야 한다. 여자와 남자의 신체 차이를 이해하고, 조심해야 하는 것들을 교육시켜야 한다. 발달장애인의 성 충동 역시 건강한 방법으로 해소가 필요하다. 재미있는 활동이나 운동, 놀이를 통해 충분히 전환될 수 있으므로 부모는 많은 시간을 자녀와 함께 할 수 있도록 노력하는 것이 좋다.

성인 자녀에게는 이성 간 만남의 기회를 줄 수 있어야 한다. 이때 호감이 있을 때 표현할 수 있는 범위는 어디까지인가, 어떤 말을 하면 안되고, 어떤 말로 감정을 표현해야 하는가, 신체 접촉은 어디까지 허용이 되는가 등 구체적인 이야기들을 나누며 지도해야 한다. 이외에도 성희롱, 성추행, 성폭행에 관해 알려주고, 거절해야 할 상황이나 피해를 입었을 때 대처하는 훈련이 필요하다. 부모나 선생님의 일관된 교육은 무엇보다 중요하다. 무조건 억제하거나 강압적인 교육은 오히려 부정적인 결과를 가져올 수 있으니 부모는 발달장애 아이의 성에 대해서 공부하고 사려 깊게 지도해야 한다.

또 하나의 가르침

김정수

• • •

삐리릭! 쾅! 급하게 대문을 여는 소리가 나면서 민규가 급하게 뛰어 들어왔다. "엄마 큰일 났어요. 지하철에서 아저씨가 '다리 치워!' 하고 소리를 질렀어요!" 민규는 겁에 질려 계속 혼이 났다고, 아저씨가 무서웠다고 말하며 눈이 떨리고 있었다. 나는 상황을 천천히 다시 말해 보라고 했다. 4년 넘게 다니는 퇴근길에 이런 상황은 처음 있는 일이었다.

민규는 S사 웰스토리 푸드서비스 사업장에서 조리원으로 근무하고 있다. 조리 보조로 입사하여 지금은 조리원으로 당당히 자기 몫을 하는 직장인으로 근무하고 있다. 퇴근길에 지하철에서 자리에 앉게 되었는데, 다리를 꼬면서 민규 운동화가 아저씨의 바지에 닿아 혼이 난 것이다.

상황을 들어보니 또 그런 일을 맞닥뜨릴 수 있어 지하철 예절교육을 해야겠다는 생각이 들었다. 대중교통을 이용할 때, 주의할 점과 혹시나 같은 상황이 발생했을 때 당황하지 않고 대처하는 언행을 가르쳐야 한다. 나는 천천히 머릿속을 정리했다.

"민규야, 지하철에 앉아서 다리를 꼬면 옆 사람 옷에 신발이 닿을 수도 있으니 조심해야 해.", "다리를 올리면 기분 나빠요? 옷이 더러워져요?" 재차 묻고 또 물었다. 차분하게 한 번 더 설명해 주었다.

큰 소리로 꾸지람을 들은 적이 없어 충격은 좀 오래갈 듯하다. 일본에서는 겉으로 두드러지지 않지만 장애가 있거나 몸이 불편한 사람을 표시하는 '헬프 마크'가 있어서 발달장애인에 대한 사람들의 이해를 돕고 있다. 우리나라에는 아직 이 제도가 없으니 반복 또 반복 교육 밖에는 없을 것 같다. 오늘은 힘들고 긴 하루였지만, 내일 또 모레, 조금씩 커 가는 성인으로 성장할 것이라고 믿는다. 여태까지 잘해 왔던 것처럼….

1부 - 그래도 아이는 성장합니다

함께 사는 방법을 배우는 학교생활

인생에서 1년 늦는 것은 아무것도 아니에요

•••

준이의 초등학교 입학을 앞두고 엄마는 고민에 빠졌다. 그러다 11월생인 아이가 유치원을 1년 더 다니게 한 후 입학시키기로 결정했다. 아이는 일반 학교에 입학해서 학습지원실에서 지냈는데, 학교생활에 거부감없이 잘 적응했다.

입학 유예는 막연한 불안감이나 주위 분위기에 따라 결정하기보다 아이의 상태를 잘 파악하고 조급하지 않은 마음으로 결정하는 것이 바람직하다. 비장애 아이들도 발달이 좀 느리면 입학을 유예할 수 있다. 긴 인생을 봤을 때, 아이의 1년 유예는 뒤처지는 것이 아니라고 본다. 아이가 무엇보다 자신감 있게 학교생활을 하는 것이 중요하기 때문이다. 하지만 불안한 마음에 무조건 유예 결정을 하는 것도 바람직하지 않다. 막상 입학 후 아이는 잘 적응할 수도 있다. 아이의 상태를 잘 파악하고 전문가와 상담해서 결정하는 것이 좋다.

입학 유예는 아이에 따라 달라요

...

엄마는 사랑이의 초등학교 입학을 1년 유예시키려고 했다. 하지만 고민해 보니 그 시간의 유예가 아이의 능력 발전에 있어 큰 차이가 있을지 의문이 들었다. 한편으로 제 나이에 또래들과 학교생활을 해보는 것도 좋을 듯했다. 사랑이는 한글도 7세 무렵 거의 익혔는데, 언어치료사는 아이의 한글학습 상태를 보고 입학 여부를 판가름하였다. 아이는 얌전한 편이라 학교에서 큰 문제 행동없이 잘 적응할 듯해서 고민 끝에 입학시켰다. 엄마는 아이가 학교를 다니면서 알림장, 일기도 쓰고 여러 과제를 직접 수행하면서 충분히 언어능력과 사회성이 성장할 수 있다고 생각했다. 입학준비를 더 충분히 하기 위해 유예를 하는 것도 좋지만 학교에 가서 아이가 직접 부딪쳐 보는 것도 성장에 많은 도움을 줄 수 있다.

네 손을 놓지 않을게

학교 가기 전 미리 챙겨야 해요

...

장애 아이들의 입학을 고려할 때 여러 면에서 많은 준비가 필요하다. 우선, 아이가 자기관리를 할 수 있도록 지도해야 한다. 서현이 엄마는 아이에게 냄새가 나거나 청결하지 않아 타인의 눈총을 받는 것이 싫어서 어릴 적부터 양치질도 잘하고 몸을 자주 씻도록 가르쳤다. 청결한 자기관리는 학교생활을 잘하기 위해 매우 중요하다. 또한 엄마가 관심을 가지고 제 나이와 또래의 유행에 맞게 복장을 착용하도록 도왔다. 더불어 일상생활 속에서 작은 규칙을 지키도록 가르치고, 학급 친구들을 방해하거나 괴롭히지 않고 사이좋게 지내도록 지도했다.

학교에서는 중요 학과목 수업 외에 다양한 활동들이 있다. 예·체능 활동을 미리 익히고, 특기를 가지고 있다면 아이의 학교생활에 많은 도움이 된다. 서현이는 입학 전 줄넘기를 많이 연습했다. 덕분에 체육시간에 줄넘기를 잘할 수 있었고, 그 특기는 중학교에 가서도 이어졌다. 또 플룻을 연주할 수 있어서 뮤지컬 수업에도 참여할 수 있었다. 특기가 있으면 수업 시간이 지루하지 않고 다양한 활동에 참여할 수 있는 기회가 많아진다.

취학 전 이렇게 준비했어요

• • •

학교생활을 잘하기 위해서는 아이의 인지 능력도 중요하지만, 수업시간
에 착석과 규칙 지키기 등을 잘 수행하는 능력이 필수이다. 엄마는 아이가
수업시간 40분간 돌아다니지 않고 잘 착석할 수 있을지 염려가 되어 결국
입학 유예를 결정했다. 그리고 유예기간 동안 학교생활 적응 훈련을 하기
위해 복지관의 취학 전 프로그램을 이용했다.

학교와 같은 환경에서 수업 시간, 쉬는 시간 지키기, 급식받을 때 줄 서서
기다리기, 알림장 쓰기 등을 훈련했는데 아이의 학교생활 적응에 많은 도
움이 되었다. 이 교육을 통해 아이가 조금이라도 의자에 앉을 수 있는 인
내심이 길러지고 학교생활에 필요한 기본 활동을 많이 익힐 수 있었다. 유
예기간 동안 학교생활을 체계적이고 구체적으로 준비하면, 아이가 입학할
때 학교생활에 대한 불안감을 그나마 줄일 수 있을 것이다.

네 손을 놓지 않을게

· · ·

장애 아이들도 성인이 되면 사회의 일원으로서 비장애인들과 어울리며 살아야 한다. 일반적인 학습이 어려운 우리 아이들은 설명으로만 가르쳐서 배우는 데는 한계가 있다. 마치 직접 부딪치는 여행을 통해 견문을 넓히고 새로운 것을 체득할 수 있듯이 우리 아이들도 학교에 들어가서 직접 보고 체험하면서 배우는 것이 좋다고 생각한다. 그래서 엄마는 민준이가 어려서부터 일반 학교에서 비장애 또래들과 학교생활을 하면서 사회생활을 자연스럽게 습득하게 하고, 다양한 것들을 접할 수 있도록 했다.

고등학교에 올라가면 학교 수업은 따라가기 힘들겠지만, 일상생활에서 따라야 하는 것들, 사람들과 어울리면서 지켜야 하고 조심해야 하는 부분들, 양보나 요구, 배려 등은 다른 아이들과 일상생활 속에서 부딪치면서 배울 수 있다고 생각했다. 사실 일반 학교에서 반드시 무엇인가를 얻고 싶기보다는 아이가 비장애 아이들과 같은 환경에서 생활하기를 바라는 마음이 가장 컸다.

아이를 보고 결정해야 해요

...

주연이는 가벼운 인지 장애와 언어 장애가 있다. 엄마는 아이가 어릴 적 해외 생활로 언어 발달이 늦다고 생각해서 장애 진단을 받지 않았다. 하지만 중학교에서 학습지원실을 가려면 장애인 등록이 필요했기 때문에 주연이는 6학년 때 중학교 진학을 앞두고 뒤늦게 경계성 장애 판정을 받았다. 아이는 초등학교 때 원반에 있다가 수업이 힘들면 잠깐씩 학습지원반에 가며 생활했다.

엄마는 처음에는 아이를 학습지원실로 보내고 싶지 않았다. 주연이는 중증장애가 아니었기 때문에 그저 또래 아이들과 함께 어울려 지내기만을 바랐다. 공부는 못해도 좋지만 장애인으로 인정되는 것은 원치 않았다. 하지만 전혀 이해할 수 없는 원반 수업시간에 온종일 앉아있는 것은, 아이에게 매우 힘든 일이었다. 필요하다면 아이는 학습지원실에서도 생활해야 한다. 아이도 숨 쉴 시간이 필요하기 때문이다.

원반에서 아이들과 함께 생활하는 것과 자신을 이해해 줄 수 있는 선생님과 친구들이 있고 개별 맞춤 교육이 가능한 학습지원실에서 일정한 시간을 보내는 것 모두 아이의 성장에 도움이 된다. 그중 무엇이 우리 아이에게 좀 더 편안할까 하는 고민은 계속되어야 할 것이다. 그러기 위해서는 엄마는 아이에 대해 잘 알고 있어야 한다.

아이를 관찰하고 판단해요

...

사랑이는 초등학교 저학년 때는 학습지원실에 가지 않았다. 고학년이 되면서 수업 내용을 따라가기 어려워 두 세과목만 선택해 학습지원실과 원반을 오갔다. 사랑이는 친구들과 함께 운동도 하며, 잘 어울리고 있어 엄마는 아이에게 큰 문제가 없다고 생각했다.

그런데 사랑이는 중학교에 진학한 후부터 두통을 호소하며 보건실에 자주 갔다. 자신의 감정을 말로 구체적으로 표현하기 힘들다 보니 두통으로 나타난 듯했다. 엄마는 사랑이가 사회성도 좋고 인지도 크게 나쁘지 않으니 원반에서도 충분히 또래들과 어울릴 수 있다고 생각했지만 그것은 엄마의 생각이었을 뿐, 아이에게는 사춘기를 겪는 또래들과 부딪치는 스트레스가 감당하기에는 너무 컸던 것이다. 그 후, 원반과 학습지원실에서 수업을 받는데 운동을 좋아하니까 함께 팀을 이뤄 축구도 하며 친구들과 좋은 관계로 지냈고, 두 반에서 자기의 적성을 찾아가면서 상호보완해가며 잘 적응했다. 우리 아이는 다 괜찮을 것이라는 막연한 기대보다는 아이를 세심히 관찰해서 객관적으로 판단할 수 있어야 한다.

...

우진이는 학습지원실이 없는 초등학교에서 2학년 1학기까지 다녔다. 엄마는 담임 선생님께 아이가 발달이 좀 느릴 뿐 장애가 있어 치료 중이라는 사실을 알리지 않았다. 학습량을 많이 요구했던 선생님은 아이가 특별히 문제 행동을 일으키지 않고 잘 따라가니까 아이의 능력보다 점점 더 과도한 학습을 시켰다. 우진이는 학습 부담이 커지니까 힘들어하고 스트레스를 받는 듯했다. 그래서 비장애 학급 친구들의 도움에 자주 의지하게 되었는데, 아이들이 장애에 대한 이해가 부족해서 우진이 돕는 것을 귀찮게 여기기도 했다. 우진이는 때로 제 시간에 과제를 끝내지 못해서 점심을 거르고 오는 일도 있었고, 여러 가지 활동에 참여를 못 하는 일이 자주 생겼다. 게다가 다른 아이들이 귀찮다고 밀어내면 거부당한 마음에 상처를 입고 집에 돌아와 울곤 했다.

결국, 엄마는 결단을 내려 아이를 학습지원실이 있는 초등학교로 전학을 시켰다. 우진이는 원반에서는 누군가의 도움에 의지해야 했지만 학습지원실에서는 선생님도 자신을 이해해주고 친구들과도 서로 돕고 소통하자 소속감과 수용 받는 마음을 느끼며 안정감을 찾아갔다. 학습지원실에서는 원반에서 시행하기 어려운 개별화 교육(IEP)이 가능하다. 무리한 학습보다는 아이에게 맞춰 단기, 장기 목표를 세워 지도하고 사회 적응이나 생활 면에 중점을 둔 교육을 해서 실질적으로 많은 도움이 되었다.

은진이는 학습지원실이 있는 일반 초등학교에 입학해서 원반과 학습지원실을 오가며 생활하였다. 아이는 자주 원반 수업이나 활동에서 배제되었다. 그래도 아이에게 관심을 준 어느 담임 선생님은 학예 발표회에도 참여시키고, 반 아이들에게 장애이해교육을 시키며 아이들이 은진이를 편견 없이 대하도록 지도했다.

고학년에 들어서자 짓궂은 남학생들이 수시로 놀리는 일이 잦아졌다. 담임 선생님도 부담을 느끼면서 아이는 각종 수업 활동이나 체험 프로그램에서 제외되는 일이 많아졌다. 담임 선생님의 장애 아이에 대한 태도에 학급 아이들은 많은 영향을 받는 듯하다. 지적 장애를 가지고 있었던 아이는 대인 관계에 민감해서 자신이 소외되고 놀림 받는다는 것을 인지하고 있었다.

밝았던 아이는 점차 의기소침해지고 무기력해졌다. 자신이 잘 할 수 있는 것도 아예 시도조차 안하려 했고 우울해졌다. 걱정하던 엄마는 중학교 진학을 앞두고 아이의 심리검사를 진행하고 상담을 받았다. 아이가 우울감이 있어서 정서적으로 안정되고, 자신감을 가질 수 있는 환경으로 변화를 줄 필요가 있다는 진단이 내려졌다.

엄마는 아이가 원반에서 또래 아이들과 함께 생활하며 긍정적으로 발전하기를 기대했지만 무엇보다 아이가 정서적으로 편안한 환경에 있는 것이 더 중요하다고 판단하고 아이를 특수학교로 전학시켰다. 그 후 아이는 점차 심리적으로 안정되어 갔다. 아이는 특수학교에서 다양한 활동을 할 기회를 많이 가졌다. 보조교사처럼 선생님과 친구들을 돕기도 하고 학생 대표로 지휘하거나 자신의 재능을 펼치면서 자신감도 향상되고, 즐겁게 학교생활을 했다. 엄마는 은진이가 밝아지고 안정감을 찾는 모습을 보며 다행으로 여겼다.

네 손을 놓지 않을게

대안학교에 보냈어요

• • •

민준이는 일반 초등학교를 졸업하는 게 목표였는데 엄마는 아이가 학교생활을 힘들어 해서 고심 끝에 대안학교로 전학시켰다. 아이는 대안학교에서 국토대행진, 캠프, 다양한 수업 등 일반 학교에서 접할 수 없는 다양한 활동을 하면서 즐겁게 학교생활을 했다. 대안학교는 일본어, 미술, 음악 등 과목별로 선생님이 따로 있고 외부에서 수업 시간에 맞춰 오거나, 상주하면서 보조해주는 선생님들이 있었다.

선생님들은 아이의 특성을 그대로 인정하고 받아주며 아이가 제 속도로 천천히 할 수 있도록 기다려주었다. 대안학교는 학년이 올라가도 선생님이 바뀌지 않는다는 좋은 면도 있지만 다양한 선생님을 만나지 못한다는 단점도 있다.

상현아, 연못에 한번 들어가 봐!

···

어느 날, 엄마는 상현이가 학교에 있는 연못에 들어갔다는 연락을 받았다. 평소에도 그 연못에 자꾸 들어가고 싶어하는 것을 제지하곤 했는데, 장난을 좋아하는 한 학년 형이 들어가라고 시키자 아이는 좋아라 들어간 것이었다. 엄마가 부랴부랴 학교에 갔을 때 상현이는 물에 쫄딱 젖어있었고 그 형은 잔뜩 겁을 먹고 있었다. 엄마는 그 아이가 이미 선생님들에게 많이 혼났을 거란 생각에 야단도 치지 못하고, 그저 "아줌마는 많이 속상해." 라고만 말할 수 밖에 없었다. 아이는 많이 두려웠었는지 그 말에 죄송하다며 눈물을 뚝뚝 흘렸다.

그 날 이후, 아이는 다른 학생이 상현이를 힘들게 하는 듯하면 감싸주며 보호하기 시작했다. 그리고 상현 엄마에게 달려와 자신이 상현이를 위해 했던 일의 자초지종을 알려주곤 했다. 비장애 아이의 짓궂은 장난을 무조건 혼내고 문제삼기보다 엄마의 마음을 진솔하게 표현하고 전하니 상현이에게는 좋은 친구가 생겼고 오히려 전화위복이 된 사건이었다.

시아를 통해 배울 수 있었어요

•••

시아야! 일 년 동안 너를 도우면서 나는 많은 것을 배웠어. 너로 인해 배려가 무엇인지 알았고 기쁘고 뿌듯한 마음도 느꼈어. 고마워. 나는 너를 도와줘야만 하는 사람이 아닌 친구로 생각하고 있어. 새 학년이 되어 반이 바뀌어도 우리 만나면 서로 인사하자.

학기 말 어느 날 시아는 선물 꾸러미를 들고 집에 왔다. 그 안에는 일 년 동안 시아를 도와준 친구가 쓴 손 편지와 초콜릿이 들어있었다. 엄마는 그 편지에 크게 감동받았다. 시아는 초등학교 때부터 학급 친구들로부터 많은 도움을 받아왔다. 친구들은 엄마가 모르는 아이의 학교 생활을 많이 알려 주었다. 무용회를 앞두고 연습할 때는 많은 동작을 하나하나 가르쳐서 따라 할 수 있도록 도와주었다. 그렇게 시아는 늘 도움만 받는 아이라고 생각했는데, 오히려 아이로 인해 배울 수 있었다는 글은 매우 감동이었다. 흔히 장애 아이들은 도움만 받는 입장이라고 여겨지지만 비장애 친구들이 장애 아이들을 도우면서 오히려 배우고 성장할 수 있다는 것을 느낄 수 있었다.

친구 한 명보다 모둠으로 도움을 받았어요

...

학교에서 장애 아이들에게 일대일 도우미 친구를 배정할 경우, 그 친구는 장애 아이를 신경쓰느라 친구들과의 관계가 불편해지거나 혼자 돌보는 책임에서 부담을 느낄 수도 있다. 그래서 장애 아이를 여러 명의 급우가 함께 돌보도록 하는 것이 좋다. 자폐성 장애를 앓고 있는 동현이는 친구 관계에 관심이 없다. 그런 동현이를 중학교 때 선생님은 친구 여러 명이 돕도록 하고 그 아이들에게는 봉사 점수를 주었다.

그러자 학급에서 동현이에게 일어나는 일들이나 상황을 그 친구들에게 확인할 수 있었고 무엇보다 아이가 쉬는 시간에도 학습지원실에 가지 않고, 친구들과 함께 어울려 노는 시간이 많아져서 좋았다. 친구에게 관심이 없었던 동현이는 친구들과 함께 다니며 지나가는 다른 친구의 이름을 부르기도 하고, 선생님을 보면 따라가서 인사도 할 줄 알게 되었다. 주말에 햄버거도 먹고, 놀이 공원도 함께 가자는 친구들의 전화를 받았을 때 좋아하는 아이를 보면서 엄마는 그저 친구들이 고맙기만 했다.

비장애 친구들과 함께 하는 동아리 활동

•••

주원이가 친구 관계를 맺을 수 있을 기회는 학습지원실 동아리 활동을 할 때였다. 그것은 장애 학생들만 하는 활동이 아니라 원반 학생들도 신청해서 요리와 미니 올림픽 게임을 함께할 수 있는 활동이었다. 원반에서의 동아리 활동은 내용이 지루하고 딱딱했지만 학습지원실은 재미있고 신나는 수업이 많아서 아이들의 관심을 많이 끌었다. 그 동아리를 통해 원반의 아이들이 한두 명씩 주원이에게 관심을 보이고 도와주며 함께 어울리기 시작했다. 원반 학생들은 봉사 점수를 받고, 장애를 이해하는데도 도움이 된다. 서로에게 도움이 되는 좋은 활동이었다. 하지만 아직 보편화되어 있지 않은 듯해서 아쉽다. 학습지원실 학생들과 원반 학생들이 함께 할 수 있는 활동이 많아지길 바란다.

친구 관계를 위한 학습지원실의 노력

...

진희는 "친구 만나러 가고 싶다. 친구 만나서 뭐 하고 싶다."라는 말을 자주 한다. 장애 아이들은 학습지원실에서도 친구 관계를 맺기가 쉽지 않다. 친구들끼리 어울리고 노는 일이 어렵고 엄마들끼리도 맞춰야 하는 부담이 있다. 그래서 학습지원실에서 친구와 할 수 있는 활동을 많이 만들기 바란다. 예를 들면 친구와 짝지어 간식을 사러 가는 것처럼 일상생활 속에서 할 수 있는 실질적인 활동을 했으면 좋겠다. 처음에 도움이 필요하면 보조 선생님이 도와주고 나중에는 짝꿍과 갔다 온다면 아이들은 즐겁게 활동하며 성취감도 맛볼 수 있을 것이다. 다양한 친구 관계를 위해서 개인의 호불호를 떠나서 짝꿍을 맺으면 서로 충돌하기도 하면서 많은 것을 배우게 될 것이다.

네 손을 놓지 않을게

학교에서 하는 장애이해교육이 중요해요

•••

어느 날 현준이의 한 학급친구가 엄마에게 물었다고 한다. "엄마, 현준이가 장애가 있어?" 아이는 그날 학교에서 장애인식교육을 받았다. 학급 친구들은 현준이가 조금 느릴 뿐 장애가 있는 것은 몰랐던 것이다.

부모 세대는 학교에서 장애이해교육을 받은 경험이 없다. 어렴풋한 기억 속에 조금 부족한 듯한 아이가 늘 선생님에게 꾸중을 들었던 생각이 난다. 학교에서 발달장애인의 장애 특성부터 장애에 대한 인식, 장애인을 대하는 태도, 도움을 주는 구체적인 방법까지 자세하게 교육한다면 비장애 학생들과 장애 학생들에게 큰 도움이 될 듯하다. 아이들이 저학년일 때부터 '장애'라는 단어보다 '다양성', '다름'이라는 말로 표현하며 서로 돕고 배려하도록 지도하면 좋겠다.

교장 선생님의 "도와드릴 일은 없나요?"

...

"어머님, 힘드신 점은 없으세요? 도와드릴 일은 없나요?"

학교 주변을 순찰하며 둘러보던 교장 선생님은 오늘도 먼저 다정하게 물어본다. 하교하는 아이를 데리고 나오던 엄마는 교장 선생님의 따뜻한 관심이 감사하다. 언젠가는 지성이를 힘들게 하는 친구가 있는지 물으며 반 조정을 의논하기도 했다. 사춘기에 들어선 학생들끼리 부딪힐까 염려한 것이다. 엄마는 교장 선생님의 그런 작은 배려에 마음이 놓인다.

교장 선생님은 학습지원실 학생들도 학교 축제 무대에 오를 기회를 주었다. 지성이와 친구들은 악기 연주를 했는데, 우리 아이들의 각자 숨은 연주 실력에 비장애 학생들과 선생님들도 놀라며 칭찬했다. 장애아이들도 나름 각자 특기와 장기가 있고 비장애 아이들보다 잘하는 부분도 있다는 것을 알린 기회였다. 대체로 교장 선생님과의 소통은 학습지원실 선생님을 통해서 하기 마련인데 교장 선생님은 부모와 담임 선생님과의 상담에 직접 참여하셔서 장애 학생들에 대한 특별한 관심을 부탁했다.

그런 따뜻한 관심만으로도 엄마는 교장 선생님이 아이들의 문제를 해결해

네 손을 놓지 않을게

준 듯했고 아이들 편인 듯해서 든든했다. 장애 학생들의 다양한 통합학급 활동과 학교생활은 교장 선생님의 관심과 의지에 따라 매우 달라질 수 있음을 느꼈다.

1부 - 그래도 아이는 성장합니다

아이의 행동을 이해하고 받아들여 주신 선생님

• • •

상현이는 초등학교 입학 초기에 원반에 있지 않고, 수시로 옆 반이나 다른 반에 가 있곤 했다. 영문을 모르는 선생님께 엄마는 아이에 대한 이해를 돕기 위해 편지를 썼다. 아이의 행동이 모두 나름대로 이유 있는 것이라고 알려드리며 이해를 구했다. 이후 선생님은 상현이가 때로 문제 행동을 보이면, "상현이가 지금 궁금한 듯하니 잠시 기다려주자."라고 했고, 그러면 학급 친구들도 문제 행동으로 보지 않고 기다려주었다.

4학년쯤 아마도 이성에 관심이 생길 때였을 것이다. 아이가 보건시간에 책에다 아기부터 성인까지 팬티만 입고 있는 모습을 그렸는데, 학급 여학생들이 그것을 보고 꺅꺅거리며 난리가 났다. 보건 선생님은 흘깃 보고는 "사람이 성장하는 모습을 그렸구나." 하며 대수롭지 않게 지나갔다. 만일 선생님이 그것을 문제 행동으로 여기고 아이에게 부정적 반응을 보였다면, 학급 아이들마저 상현이를 이상하게 생각했을 것이다. 선생님의 말씀 한마디는 아이들에게 영향력이 크다. 아이의 행동을 문제 삼지 않고 긍정적으로 보고 표현해 주었던 선생님이 참 감사했다.

눈이 많이 오던 겨울날

...

초등학교 예비소집일. 눈이 많이 내려서 발목까지 푹푹 빠진 날이었다. 교문 앞은 예비 입학생 자녀들과 엄마들이 오가며 부산한데, 엄마는 학교에 들어가지도 못했다. 그 눈길에서 두 시간이 넘도록 서성이며 아이를 입학시켜야 할지 말지를 고민하고 있었다. 학습지원실도 없던 학교인지라 엄마는 선생님께 아이의 장애에 대해 말하는 것이 큰 부담이었다. 엄마인 자신조차도 아이의 장애를 부정하며 온전히 받아들이지 못한 상태에서 선생님께 어떻게 설명해야 할지 매우 난감했다.

한참을 그렇게 서성이다가 간신히 학교에 들어가서 상황을 얘기하니, 선생님은 "학교에 들어갈 나이가 됐으면 입학해야죠. 뭘 고민하세요. 어서 들어오세요."라고 당연한 듯 덤덤히 말했다. 춥고 무거웠던 마음이 순간 따뜻해졌다. 입학 후에도 선생님은 다른 비장애 아이들도 나름 부족한 부분들이 있으니 염려하지 말라고 다독여주었다. 아이의 장애를 특수하게 대하지 않는 선생님은 엄마에게 큰 용기를 주었고, 오히려 엄마가 아이의 장애를 인정하고 받아들이는 계기가 되었다.

다른 아이들과 동등하게 대해주신 선생님

•••

초등학교 5, 6학년 때는 수련회를 간다. 비장애 학생들은 참석하는 것이 당연하지만 장애 학생인 경우, 담임 선생님이 학부모에게 아이를 보낼 것인지 의사를 물어본다. 당연히 참석해야 할 학교행사에 장애 학생이라는 이유만으로 참석의향을 질문 받는 것은 그다지 기분 좋은 일은 아니다. 하지만 학교 입장에서는 장애 학생 특성상, 보호와 안전 측면에서 조심스러운 것은 사실이다. 엄마는 담임 선생님으로부터 아이를 당연히 수련회에 보내라는 말을 듣고 감사했다. 그래서 수련회 기간 동안 현준이를 도와줄 봉사자를 복지관에 요청했고, 덕분에 아이는 무사히 다녀올 수 있었다. 어떤 상황이든 학교 활동에 아이를 전혀 배제하지 않고 참석시킨 선생님이었다. 아이에 대해 많이 이해하고, 무엇이 필요한지 아는 듯했다. 물론 장애 아이들의 수행 능력이 비장애 아이들보다 떨어질 수 있다. 그렇지만 안 되거나 힘들 것이라고 쉽게 판단하지 말고, 기회를 주고 시도할 필요가 있다. 혹시 안되면 더 쉬운 방식으로 접근해서 아이에게 작은 성취감이라도 주는 것이 도움 된다.

별표 한 개, 별표 다섯 개

• • •

서윤이는 초등학교 1학년 때, 낯가림이 매우 심하고 말도 하지 않았다. 아이도 힘들고, 엄마도 힘들어서 학습지원실로 옮기려 했다. 하지만 선생님께서는 원반에서 아이가 얻는 것이 분명 있을 거라며 조금만 참아보자고 했다. 그렇게 힘을 실어준 선생님 덕분에 고민하면서 1학년을 마쳤다. 2학년 담임 선생님은 엄하기로 소문났지만, 알고 보니 노련한 선생님이었다. 서윤이에게 심부름도 시키고 여러 기회를 많이 주었다. 잘하면 알림장에 별표를 한 개, 더 잘하면 다섯 개까지 그려주면서 동기부여를 해주었다. 글씨 쓰는 것에도 칭찬과 관심을 아끼지 않으니 아이는 선생님께 인정받기 위해서 더 열심히 글씨를 잘 쓰려고 노력했다. 그 무렵 서윤이는 성취감도 느끼고 많이 성장했다. 아이에게 많은 기회와 적절한 동기부여를 해서 아이가 가진 능력을 스스로 최대한 발휘할 수 있도록 도와준 감사한 선생님이었다.

아들과 함께한 두 달간의 학교생활

...

건우가 초등학교 1학년 때 엄마는 선생님으로부터 일주일에 한 번씩 아이의 수업을 곁에서 보조해달라는 부탁을 받았다. 아이는 수업 진도를 따라가기 힘든 것은 말할 것도 없고, 교과서 페이지를 넘기는 것부터 체계적인 훈련이 필요했다.

수업 시간에 엄마와 함께 하루 4시간씩 집중적으로 연습하고 두 달째 접어들자 아이는 마침내 책 페이지를 넘길 수 있었다. 그 후 칠판에 적어놓은 내용을 알림장에 받아 쓰는 훈련까지 마쳤다. 학부모가 수업 시간에 참여하는 것은 선생님도 부담스러운 일인데 그럼에도 아이의 학교 적응을 위해 배려해준 것이 엄마는 죄송하면서도 감사했다. 엄마에게도 고개를 들고 선생님을 바라볼 수 없는 조심스러운 시간이었지만 아이와 함께 수업에 참여하고 학교 안에서 무슨 일이 생기면 바로 대응할 수 있었던 두 달간의 학교생활은 잊혀지지 않는 시간이다.

네 손을 놓지 않을게

아이에게 존재감을 준 선생님

...

"서연아, 나와서 첼로 연주 좀 해볼래?" 서연이가 초등학교 3학년 때인 어느 날, 담임 선생님은 서연이에게 친구들 앞에서 첼로 연주를 시켰다. 이제 막 첼로를 배우기 시작했던 아이가 자신 없다고 쭈뼛거리자 선생님은 잘 하는 것보다 한 번이라도 시도해보는 것이 중요하다고 격려해 주었다. 서연이는 지적장애에 자폐를 동반하고 있고, 초등학교 때는 자폐 증상이 더 심했다. 말도 잘 못하고 종종 엉뚱한 행동을 해서 학급 친구들은 서연이를 이상한 아이라고 여겨왔다. 그런 아이가 흔히 접할 수 없는 첼로로 '작은 별'을 연주하자 급우들은 은근히 놀라며 서연이에 대한 인식이 바뀌었던 듯하다.

선생님은 발달장애에 관해 잘 아는 분이었다. 서연이는 종소리가 나면 바로 칠판을 지우고 칠판 지우개를 반드시 털어야 했다. 급우들이 이상하게 여기면, 선생님은 "서연이가 선생님이 지우개 가루 먹을까 봐 종소리만 나면 나와서 지우고 털어주네. 정말 고맙고 훌륭해."라며 급우들이 들으란 듯 칭찬했다. 반에서 존재감이 없던 아이는 쉬는 시간마다 칠판을 지우는 역할로 존재감을 갖게 되었다.

서연이에게 두 가지 일은 큰 전환점이 되었다. 그전까지 '엄마' '아빠' '학교' 정도의 단어만 구사하던 서연이는 아이들과 전혀 소통이 없었는데, 그 이후로 친구도 생겼다. 짝꿍은 서연이의 학습장 정리를 늘 도와주었는데 선생님은 그런 짝꿍을 칭찬하면서 기다려주었다. 선생님이 장애를 어떻게 이해하고 받아들이는가는 매우 중요하다. 서연이의 장애를 학급 아이들이 잘 이해할 수 있도록 중간에서 도와준 선생님 덕분에 학급 친구들도, 아이도 많이 배우고 성장할 수 있었다.

네 손을 놓지 않을게

아이에게는 이해를, 엄마에게는 안심을

•••

오늘도 동현이가 칠판에 쓰여 있는 수학 문제를 풀어내자 급우들은 "와!" 하며 놀랐다. 표현은 잘 못하지만 인지 능력이 뛰어나 학습 능력이 좋았던 동현이는 초등학교 3학년까지 어려운 수학 문제를 척척 풀곤 했다. 담임 선생님은 일부러 칠판에 문제를 써서 동현이가 친구들 앞에서 풀게 했다. 엄마에게는 동현이가 말은 잘 못하지만, 공부는 참 잘 한다고 아이의 장점을 북돋아주었다. 때로는 수업시간에 아이의 행동으로 기분 나쁘고 당황할 수 있는 상황도 오히려 아이 때문에 수업 분위기가 좋아졌다고 긍정적으로 말했다.

아이가 사춘기에 들어서 감정 기복이 심하고 짜증을 많이 내자 엄마는 학교에서도 그럴까봐 걱정이 되었다. 고민하다 선생님에게 말하니 "그게 왜 어머님이 걱정하실 일이에요? 저희가 알아서 해야죠." 하며 엄마의 불안을 덜어주었다. 아이를 긍정적으로 표현해 줌으로써 비장애 아이들의 이해도 돕고, 잘 어울릴 수 있도록 도와줘서 매우 감사했다.

어느 선생님의 평가서

···

마음이 순수하고 정이 많아 친구들에게 자신을 강하게 주장하지 않는 부드럽고 온화한 성품으로 교우 관계가 좋음. 노래하는 것을 즐기며 주변 친구들을 기분 좋게 만드는 능력을 지니고 있음. 자신이 가진 것을 베풀 줄 알고, 긍정적이며 바른 인성을 지님. 유머 감각이 있어서 학습 분위기를 즐겁게 만들어 주는 요정 같은 아이임. 인사를 잘하고 수업 시간에 열심히 노력하는 모습이 대견함.

평가서를 보면서 엄마는 선생님이 아이에 대해 관심을 가지고 따뜻한 눈으로 바라본 점에 감동받았다. 선생님은 학기 초에도 아이의 교육 방향을 제시하며 엄마를 독려해 주었다. 지성이는 "엄마, 먼저 드세요.", "너무 맛있었어요." "잘 먹었어요."라는 말을 할 줄 아는 아이다. 그래서 칭찬을 종종 듣곤 한다. 엄마는 평가서를 보고 아이가 밖에서도 남들로부터 사랑받을 만한 행동을 하고 있다는 생각에 뿌듯했다. 선생님은 엄마가 말하지 않아도 아이의 장점을 알아주고 칭찬하며 엄마의 기운을 북돋아주었다.

위험한 상황을 무사히 넘겼어요

...

지우가 중학교에 입학하고 나서 있었던 일이다. 어느 날 방과 후에 키 큰 남학생이 지우에게 따라오라고 위협했다. 아이는 그 남학생의 무서운 말투와 말을 듣지 않으면 때릴 것 같은 위협적인 태도에 눌려 아파트 옥상으로 따라갔다. 다행히 아이는 별탈 없이 3분 후 쯤 내려왔다.

하교 시간이 지나서도 아이가 오지 않아 애태우던 엄마는 나중에 그 말을 듣고 너무 놀랐다. 지우는 말로 상황 표현을 잘 못해서 엄마는 CCTV를 찾아보면서 아이의 행적을 유추했다. 엄마는 곧바로 학습지원실 선생님께 알렸다. 그 이후 일은 전적으로 학교에 맡겼다. 남학생은 반성문을 쓰고 접근금지 명령을 받았다. 반도 옮겼고, 다시 이런 일이 생기는 경우 퇴학이 될 것이라는 경고도 받았다. 학교는 사건을 감추려 하지 않고 적극적으로 신속한 조치를 취했다. 학습지원실 선생님은 말이 서툴러 자기표현을 잘 못하는 아이의 입장을 대변하고 중재하는 역할을 해주었다. 학습지원실 선생님이 장애 아이가 혹여 부당한 일을 받고 있지는 않은지 보호하고 방지해주는 역할을 해주는 것은 매우 중요하다.

얼음공주 선생님 고마워요!

•••

준이의 고등학교 3학년 선생님은 굉장히 엄했다. 어머니들끼리는 얼음공주라고 부를 정도로 냉정하고 사무적이었다. 하지만 선생님은 정이 많고 사랑이 많은 분이었다. 아이들의 행동을 단호하게 바로잡으면서도 결정적인 순간에는 아이들 편에 서주었다. 선생님은 아이들에게 직업연계훈련과 직업교육활동 기회를 많이 만들어 주었다. 타 고등학교나 복지관과 연계해서 바리스타 외부 체험을 시켜주었고, 진로상담으로 장애인고용공단 직원을 초빙해 세미나도 하고 취업성공 패키지도 연결시켜 주었다.

그 덕분에 아이들은 취직도 모두 잘 되었다. 선생님은 아이들이 어떤 행동을 하면 안 되는지 명확히 알려주었다. 또 현실적으로 아이들에게 필요한 도움을 찾아주고, 아이들이 불리한 상황에 있을 때는 아이들을 옹호해주고 지지해줘서 감사했다.

혼자 할 수 있게 도와줘야 해요

...

정우의 초등학교 선생님은 아이의 발전을 위해 학교와 집에서 같은 목표를 정해서 지도하자고 했다. 선생님은 알림장에 아이의 하루 학교생활과 지도한 내용을 적어 주었다. 정우는 언어로 표현을 못했으므로 엄마는 아이의 학교 생활을 알림장을 통해 알 수 있었다. 엄마는 알림장에 집에서의 생활 모습과 정우의 행동에 대한 대응을 적어 보냈다.

그러면 선생님은 다시 엄마가 대처한 행동에 관해 조언해 주었다. 선생님 지도 방법을 무조건 따르라고 하지 않고 엄마 얘기를 경청하고 함께 목표를 세워서 지도하였다. 엄마는 선생님이 아이 이름 한 번 더 불러주는 것만으로도 감사했는데, 선생님은 훨씬 구체적이고 진정성 있게 아이 교육을 고민했다. 정우는 인지가 좋았다. 선생님은 아이가 혼자 할 수 있는 것들을 스스로 판단해서 하도록 했다.

선생님과 의논하여 엄마는 아이가 혼자 통학하는 것을 준비했다. 아빠는 심하게 반대했다. 아이가 혼자 다닐 때 주위의 불편한 시선을 온전히 혼자 감당해야 하는 것이 너무나 마음 아팠기 때문이다. 훈련 초기에는 보조 선생님이 아이를 돕도록 했다.

그런데 아이는 집에 가는 길을 이미 다 알고 있어서 지하철 노선도를 보고 혼자서 잘 찾아왔다. 나중에는 보조 선생님 도움 없이도 혼자 먼 거리를 잘 다니게 되었다. 선생님의 조언과 세심한 지도 덕분에 아이는 한 뼘 더 성장할 수 있었다. 엄마는 아이가 도움이 필요할 때는 도와주지만 스스로 할 수 있는 것은 도전할 수 있도록 허용해야 한다는 것을 느꼈다.

사회복무요원의 장애인식이 필요해요

...

예준이가 수업 도중 자리를 이탈하거나 화장실에 갈 때가 있다. 그때는 사회복무요원이 항상 함께 간다. 어느 날 아이가 계속 화장실을 들락거리니까 복무요원이 짜증이 났는지 아무도 없는 화장실에서 아이의 머리를 쥐어박았다. 마침 그 모습을 본 선생님이 있어서 그 복무요원은 바로 전출되었다. 엄마는 그 사람이 나쁜 마음으로 그런 행동을 했다기보다는 장애인에 대한 이해가 부족하기 때문이라고 생각한다. 사회복무요원들은 단순하게 군복무를 대체한다는 인식을 갖고 있을 것이다. 장애인을 상대하는 곳에 배치되는 복무요원들은 인성과 가치관을 심도있게 판단해서 결정했으면 좋겠다.

예준이를 도와준 또 다른 사회복무요원은 아이에게 관심을 가지고 따뜻하게 대해주었다. 같은 상황이어도 사람마다 다르게 행동할 수 있다는 것을 받아들이면서 매스컴에서 보도되는 장애인 시설에 종사하는 사람들의 부정적인 행태에 경직된 사고를 갖지 않아야 겠다고 생각했다.

졸업이 없는 부모라는 자리에서

김광진

•••

날이 밝으면 둘째 아이가 고등학교를 졸업하게 된다. 오미크론 여파로 인해 부모의 학교 출입이 막혔다. 차라리 잘된 일일지도 모르겠다는 생각이 든다. 만일 현장에 있다가 갑자기 지난 시간들이 떠올라 어쩌면 왈칵 뜨거운 눈물을 주체하지 못할 수도 있었을 테니까 말이다.

돌이켜 보면 초등학교 6년, 중학교 3년, 그리고 고등학교 3년이란 시간 동안을 내내 아이의 등하교를 챙기는 삶이었다. 경계성(지적) 발달장애로 인해, 집 앞에 있는 초등학교에서 차로 20여 분 떨어진 학습지원실이 있는 학교로 전학을 시켰던 11년 전의 첫 등교가 아직도 기억에 생생하다. 그곳 교장 선생님께서 환하게 팔을 벌리며 따뜻하게 안아주셨던 순간. 세 명 남짓 정원의 학습지원실에서 행여 적응하지 못하면 어떡하나 가슴을 졸이며 방과가 마치는 시간에 교문 밖에서 기다리던 순간. 아이는 학기 초에 가끔 바지에 오줌을 지리며 나왔고, 거기에 더해 중학생이 되고부터는 손톱 밑의 살점을 잡아 뜯어 생채기를 내곤 했다. 환경의 변화에 유독 심하게 스트레스를 받는 예민한 성격이지만 얼마 후면 언제 그랬냐는 듯 안정을 찾으며 아빠를 안심시켰던 대견한 우리 아이였다.

중학교는 다행히 집 근처의 학습지원실이 있는 학교로 걸어서 등하교를 하게 되었다. 처음에는 함께 손을 잡고 집과 학교를 오갔지만 한 달여 쯤 지나 학급 생활에 적응을 마치면서 혼자 힘으로 다니게 훈련을 시켜야 했다. 약속을 하고 실행하기로 한 첫날, 나는 교문에서 얼마 떨어진 나무 뒤에 숨어서 교문을 나오는 아이를 지켜보다가 들키지 않게 미행하며 아이를 쫓아 집으로 돌아왔다. 다른 아이들처럼 씩씩하고 의젓하게 걷는 아이의 뒷모습이 지금도 눈에 선하다. 보통 자식들은 부모의 뒷모습을 보며 지낸다고 하는데 반대인 경우도 세상엔 있다. 그날은 예전의 교장 선생님께서 그러셨듯이 나도 아이를 환하고 뜨겁게 안아주었다.

고등학교에서는 만만치 않은 과제가 놓여있었는데 버스를 타고 통학을 해야 했다. 몇 번이나 함께 버스를 타고 내리는 연습을 하며 내려야 할 정류장을 알려주고 드디어 혼자 귀가하기로 한 날, 아이는 그만 반대 방향에서 버스를 타는 바람에 집 앞 정류장에서 기다리던 나를 넋이 나가게 했다.

도착해야 할 시간이 지나도 버스에서 내리는 아이의 모습이 보이지 않고 십 분, 이십 분 시간이 흐르는 동안 핸드폰 통화까지 안 되면서 세상이 새카맣게 변하며 불안과 초조함으로 가슴이 터지는 것 같았다. 경찰서에 실종 신고를 하고 통신사의 위치 추적 기능으로 아이가 어디에 있는지 알아보는데 드디어 아이가 전화를 받았다. 자세하게 상황을 설명하지 못하고 단발적인 대답만 하는 아이가 기적적으로 자신이 내려서 앉아 있는 정류소 이름을 짧게 말해서 한걸음에 그곳으로 달려갔다. 그곳에서 나는 아무 일 없다는 듯이 아이를 태워 집에 데려다주었고, 다시 내려와 앉은 차 안에서 뜨겁게 펑펑 울었다.

돌이켜 보면 처음에는 아슬아슬하고 조마조마했지만, 나중에는 순조롭고 무탈했던 시간이었다. 이번에도 우리 아이는 한국장애인고용공단의 위탁 교육기관에서 1년 동안 직업훈련을 받는 여정을 시작했다. 개강한 직후에 예의 그 이상 행동들이 조금 있었지만 4주가 지나는 지금은 순조롭게 새로운 환경에 연착륙 중이다.

내일이 지나면 아이는 다시 버스로 오가는 훈련을 하게 될 것이고, 그러다 보면 이제는 자신의 이름으로 만들어진 체크카드로 편의점에 들러 군것질도 하고 그럴 것이다. 아이는 한 발씩 세상을 향해 다른 아이들보다 속도는 느리지만 천천히 걸어갈 것이고, 나는 그런 아이의 손을 잡고 걷다가 어느 사이에는 아이의 뒷모습을 지켜보게 될 것이다.

졸업이란 하나의 매듭이 지어진다는 말이고, 부모와 자식은 인연의 끈으로 연결되어 있으니 나는 우리 아이와 함께 또다시 새롭게 출발하게 될 것이다. 우리는 부모가 되어 자식을 가르쳐야 한다고 생각하지만, 실은 아이에게서 배우고 깨닫는 일이 훨씬 더 많다는 사실을 언제부터인가 알게 되며 살아간다.

어엿한 사회인으로의 자리매김

개별화된 직업훈련이 필요해요

...

요즘은 발달장애인들이 많이 고용되는 추세이다. 하지만 준이 엄마는 장애인들의 취업 경로와 고용에 관한 구체적인 정보를 알 수 없어서 매우 막막했다. 준이의 특수학교 선생님은 고용공단과 연계하여 직업 관련 세미나를 듣도록 해주셨다. 그때 직업 현황과 준비 방법 등에 관해 알 수 있어서 큰 도움이 되었다.

준이는 장애의 정도가 심한 편이다. 막상 직업훈련을 받으려 했지만 일반적인 훈련 과정을 밟을 수 없었다. 깊은 상심에 빠져 있을 때 중증의 발달장애인을 위해 단순한 기능으로 재택근무를 할 수 있는 기회를 갖게 되었고, 복지관에서 계속 직업훈련을 받으면서 미래의 근로를 준비하는 시간을 갖고 있다.

직업체험이 중요해요

...

선우가 미국에서 고등학교 다닐 때의 경험이다. 아이는 학교에서 일주일에 두 번씩 직업 체험을 했다. 한 번은 미술용품 파는 가게에서 물건을 진열하는 일을 했는데, 일들이 부분적으로 세분화가 되어 있었고 간단한 일을 반복적으로 해서 익히기 좋았다.

엄마는 직업과 관련해서 우리나라의 현실에 비해 이런 미국의 상황이 부러웠다. 그런데 한국에 돌아와서 발달장애인 부모 모임을 통해 요즘 우리나라도 고등학교는 물론 중학교에서도 발달장애인의 직업과 관련한 준비과정을 다양하게 시행하고 있다는 이야기를 듣고 다행스럽게 여겼다.

직장동료들이 바라본 김상현

...

안미영(입사 당시 사수)

처음 입사 당시 사전훈련, 현장훈련 등의 교육을 진행하였으며 기존 훈련 내용을 잘 기억하고 스스로 준비하였다. 당시의 상현 님은 업무 집중도가 뛰어나 쉬는 시간을 따로 지정하고 활용할 수 있도록 지원이 필요했다. 입사 초기 경직된 모습에서 현재는 편하게 생활하는 모습이 크게 변화된 부분이고. 생활하면서 주변 친구들과 소통하고 과자를 나눠 주기도, 나눠 달라 요청하기도 하는 모습이 좋아 보인다. 가끔 모니터에는 업무화면을 띄워놓고 노트북 화면으로 인터넷 검색을 하는 모습이 보여 지적을 받기도 하지만, 처음 왔을 때 긴장한 모습과는 달리 편안해 보여서 마음속으로 흐뭇했던 기억이 난다. 매년 크리스마스 때가 되면 김상현 님으로부터 카드 받는 기쁨이 있어 너무 행복하다.

강설희(현재 팀장)

내가 2020년에 입사하였을 때 상현 님은 이미 회사에 다니고 있었다. 처음에는 근무하는 장소가 달라 몇 개월 이후에 직접 만났는데, 큰 키와 체구에 맞지 않은 귀여운 행동과 말투가 인상에 남았다. 업무에 관해서 말씀 드리자면 상현 님은 라벨러로 데이터 가공 작업을 하는데, 예전에는 우리 팀이 장기 프로젝트를 하고 있어 늘 하던 익숙한 작업으로 큰 변화 없이 업무를 하고 있었다.

그런데 최근에 장기 프로젝트가 종료되고 중·단기 프로젝트들로 변경되면서 사용하는 프로그램(툴)도 바뀌고 프로젝트도 다양하게 변경되면서 처음에는 적응하는데 시간이 꽤 많이 걸렸다. 아무래도 익숙하지 않은 업무다 보니 하는 업무가 어떠냐는 질문에 "어려운 것 같아요."라고 하며 본인이 하는 방법이 맞는지에 대한 불안함도 있어 질문도 더 많아졌다.(원래도 상현 님은 저희 팀의 질문왕 TOP2 중 한 명이었습니다!) 그러나 여러 프로젝트를 거치면서 상현 님도 그 변화의 흐름에 조금은 적응이 되었는지 요즘은 업무에 대한 질문에 "할 만해요."라는 답변도 곧잘 해준다.

프로젝트가 다양해지면서 상현 님에게 업무적으로는 어려운 부분들이 있었지만, 프로젝트에 따라 담당자가 바뀌면서 다양한 사람들로부터 교육을 받고 소통하는 부분들이 긍정적인 자극이 되지 않았을까?라는 생각이 든다. 상현 님의 표정과 행동이 더 밝아진 것 같기 때문이다.

또, 상현 님은 인사를 잘한다. 출근할 때, 퇴근할 때는 항상 잊지 않고 동료 직원들과 인사하는 모습이 예전에는 조금 딱딱한 느낌이 있었다면 지금은 눈을 맞추면서 자연스럽게 하는 점이 인상적이다. 사무실에서는 익숙하고 안정감이 있어 좀 더 편안하게 행동하는 것 같다.

상현 님은 근무시간에 집중을 잘하고 성실한 분인데, 너무 성실해서 쉬는 시간을 따로 말해야 하는 경우도 있었지만, 지금은 근무시간 사이에 스스로 휴식시간을 가진다. 때때로 안마의자를 사용하는 상현 님을 발견하기도 한다. 자폐성 발달장애인분들과 함께 근무하면서, 직원들 대부분이 이미 교육을 잘 받았기에 나 역시도 딱히 큰 어려움을 느끼지 못했다. 다만 한 번씩 돌발상황이 생기기도 하는데 대처에 미숙한 직원들도 있어 전문적인 대처가 필요한 순간들이 있긴 하다.

내가 아는 자폐성 발달장애인분들은 타인과의 소통보다 혼자 활동하는 경우가 많은데 우리 팀의 경우는 서로 인사를 나누고 때때로 간식이 있으면 나눠 먹기도 하고, 회식에 참석하는 점들을 보며 사회성이 좋은 편이라는 생각을 한다. 그리고 이분들과 소통할 때는 간단하고 명확한 단어를 사용해야 정확하게 의미가 전달된다는 것을 알게 되었다. 어린아이와 같은 부분이 있어 가끔 근무시간에 다른 화면을 띄어놓고 있다가 제가 다가가면 티 나게 화면전환을 하지만 본인들은 티가 안 났다고 생각하는 점은 순수하고 귀여워서 웃음이 나기도 한다.

2022년 업무 평가표

상현 님의 2022년 업무 평가의 경우 전반적인 평가가 중 중하에 머물러 있있습니다. 업무에서 누락이 있고 오류도 있지만, 전반적으로 무난한 편이며, 큰 오류는 발견되지 않았다고 되어있습니다. 약간의 부주의함은 있지만, 열심히 작업을 진행한 것으로 평가되어 있습니다.

상현 님의 2023년 업무 평가의 경우 전체 중 상점으로 작업 기준을 이해하기 위하여 많은 질문과 확인을 필요로 하지만 작업을 잘 숙지할 경우 속도가 빠르게 할당량을 완수한다고 되어있으며, 업무의 정확성과 일관성을 위해 질문을 잘 하고 반영하려고 노력한다고 되어있습니다.

고3, 낯선 세상으로 나가야 하는 시기

정순연

•••

길고 긴 시간 정답을 찾기 위해 혼신의 힘을 다해 앞만 보고 달려온 지금, 심한 장애를 가진 아이는 이제 제법 스스로 할 줄 아는 것이 많아졌다. 엄마라는 이름으로 아이를 위한 거라면 무엇이든 끊임없이 배우고 뛰어다녔다. 많은 노력과 가족과 지인들의 적극적인 도움과 격려에 힘입어 아이는 맑고 밝게 자라서 감사했다.

그런데 아이가 고3이 되고 성인기를 준비하면서 나는 그 모든 세월의 노력이 무색할 만큼 원점에 서 있는 느낌에 힘이 빠졌다. 그렇게 힘겹게 아이를 다그쳐야 가질 수 있었던 기능들을 다른 친구들은 이미 가지고 있었고 더구나 그 아이들은 이미 좋은 곳으로 진로까지 정해져 있었다. '이럴 거면 차라리 아이를 혼내고 다그치지나 말걸….' 나는 아이에게 미안하고 마음이 아팠다.

어느 부모가 장애를 가진 아이를 위해 최선을 다하지 않겠냐마는 나의 허탈감은 이루 다 말할 수 없었다. 나는 그만 번아웃이 왔다. 엄마의 마음을 아는지 모르는지 아이는 마냥 밝고 천진해 보여 더 답답하고 짜증마저 올라왔다. 그렇게 한참을 마음앓이를 하다가 어느 순간 내가 내 아이를 다른 아이들과 비교하면서 스스로를 무너뜨리고 있다는 것을 깨달았다. 아마도 아이가 사회에 나가야 하는 시기라 불안감이 더 컸던 듯하다.

나는 스스로 반성하며 아이를 행복하게 지키는 법, 아이와 행복하게 함께할 수 있는 방법을 찾으려 다시 발걸음을 내디뎠다. 아이를 더 많이 칭찬하고 사랑해서 긍정적인 에너지를 가진 건강한 성인이 되게 하는 것이 엄마가 할 일이라고 생각했다. 그러면 아이는 취업도 하고 자립할 수 있으리라. 천천히 아주 천천히 아이가 홀로서기 하는 그날까지 아이와 눈높이를 맞추며 함께 가려 한다. 발달장애인을 위한 일자리가 많아지고 다양해지고 처우도 좋아지고 있다. 한발 나아가 내 아이가 좋아하는 일을 직업으로 가지고 살 수 있다는 희망을 가져 보자.

나는 엄마다!

아주 특별한 엄마다!

원점에서 다시 시작하자!

새로운 출발

박은주

• • •

2023년 11월은 진희에게 새로운 출발이다. 고등학교 졸업 후 6년째 까리따스종합사회복지관 주간보호센터를 다니고 있고 올해가 마지막이라는 복지관 규정에 따라 다른 기관을 찾아보고 있었다. 그런데 갑작스러운 복지관 개편으로 만 30세까지 이용할 수 있다고 했다. 대중교통으로 혼자 다니면서 자랑스럽고 행복했던 진희에게 그리고 시간의 얽매임에서 벗어나 자유를 누리던 내게는 달콤한 유혹이었다.

그러나 정체된 발걸음을 떼기 위한 변화가 절실히 필요했으므로 직업 교육훈련기관인 종로장애인복지관으로 옮겼다. "진희야, 이제 까리따스는 안 가고 종로장애인복지관에 다닐 거야. 괜찮아?", "네. 잘 다닐 수 있어요. 좋아요." 자신 있게 대답하는 진희다. 누구나 변화에 익숙해지려면 많은 시간과 노력이 필요하다. 진희에게 항상 보이지 않는 울타리처럼 보호와 돌봄이 있었다.

이제 그 울타리를 벗어난 시작은 어미 새가 새끼의 생존을 위해 둥지에서 떠미는 것과 같지 않을까? 아이의 장애를 받아들이고 성장하는 지난한 과정에서 많은 선택과 결정이 있었다. 나이가 어릴 때는 부모의 생각이 자녀의 선택을 좌지우지한다. 진희는 24살이어도 모든 선택을 내가 고민해야 한다. 그것이 나는 슬프고 어렵다.

까리따스에서 아이와 함께하는 마지막 시간을 특별히 준비했다. 그저 형식적이려니 생각했는데 진심으로 이별을 아쉬워하면서 새 출발을 축복해 주는 분위기에 숙연해졌다. '진희가 많은 사랑을 받았구나!' 성인이 된 진희에게 나는 망설임 없이 까리따스종합사회복지관 주간보호센터라는 선택지를 내밀었다.

해를 거듭하면서 당당한 직업인이 된 주변 친구들을 보면서 초조했고 후회도 했다. 진희와의 이별로 눈물을 글썽이는 선생님들을 애써 외면하고 돌아온 저녁, 선생님께서 주신 편지에는 진희를 사랑하는 마음이 가득했다. 참았던 눈물이 폭포처럼 쏟아졌다. 6년 가까운 세월, 진희에게 보여진 열매는 없었지만 진희가 행복했고 사랑으로 채워진 마음의 결실이 느껴졌다. 필요한 시간이 지나 지금의 선택이 가능했다고 생각한다.

진희는 마을버스를 타고 양재역에서 3호선 전철을 환승하여 경복궁역에서 내린다. 그리고 또 버스를 타고 종로장애인복지관으로 출근한다. 가끔 지각을 한다. 직장에서 지각하면 안 된다는 선생님 말씀에 고개를 갸우뚱하던 진희가 이제는 큰 소리로 말한다. "지각하면 해고당해요. 안 돼요!" 집에서 출발해서 잘 도착했다는 전화가 올 때까지 마음을 졸이는 날이 점점 줄어든다.

돌아오는 전철에서 꾸벅꾸벅 졸기도 하고, 가끔 코피를 쏟기도 한다. 그러면 내가 내민 선택지에 갸우뚱해지면서 두려운 엄마 마음이 진희에게 묻는다. "진희야, 종로장애인복지관 힘들지? 안 가고 싶지?", "아니에요, 갈 거예요!" 어떤 대답을 듣고 싶은 건지 나도 모르겠다. 아이의 호기로운 대답을 방패 삼아 나는 오늘도 진희를 데리러 종로장애인복지관으로 간다.

네 손을 놓지 않을게

베어베터 직장생활

김사라

• • •

찬영이는 사회적기업인 〈베어베터〉에 6년째 근무 중인 자폐성 장애인이다. 나는 아이를 고등학교 졸업 후에 대학 진학을 시키지 않을 생각이어서 학령기 때부터 취업 준비를 시켰다. 취업을 하려면 장애인이든 비장애인이든지 같이 어울려 지내야 한다고 생각해서 사회성 교육에 중점을 두었다.

그래서 아이는 중학교, 고등학교의 학습지원실 수업뿐만 아니라 복지관의 방과 후 수업에도 참여했다. 방과 후 수업은 매일 3~4시간 정도 8명 정도의 장애 학생들이 다양한 프로그램에 참여하는 것이다. 찬영이는 중학교와 고등학교 6년 동안의 복지관 방과 후 수업이 사회성 향상에 많은 도움이 되었다고 생각한다.

고등학교 졸업 시기인 2019년 1월에 서울발달장애인훈련센터와 연계된 베어베터 채용 프로그램에서 3주간의 실습 과정을 거쳤다. 그 후 베어베터에 채용되어 오전이나 오후에 4시간씩 일하고 있다. 찬영이는 처음에 인쇄팀에 배정이 되었는데, 1년 정도 지나서 코로나 사태가 생기면서 인쇄팀의 업무가 줄어들어 배송팀 일도 같이 했다. 4년 전부터는 파견근무로 분당 서현역의 라인마트팀에서 일하게 되었다.

베어베터의 장점은 10년이 넘는 사회적기업이고 직원 수가 장애인과 매니저 선생님들을 포함하여 300명이 넘는 회사이다. 그동안의 노하우와 시스템이 많이 축적되어 장애인 복지와 처우개선에 많은 노력과 선도적 역할을 했다고 생각한다. 특히 코로나 때 회사에 어려움이 있었으나 인원 감축을 하지 않고, 업무 이동을 통해 회사가 잘 운영될 수 있도록 해주신 점을 높이 평가하고 싶다.

회사 규모가 큰 만큼 여러 가지 업무가 있어서 회사 내에서의 업무 이동이 가능한 것도 큰 장점이다. 회사 업무 이외의 체육활동과 동아리 활동 활성화, 회사 유니폼 지원, 통신비 지원, 방한복 지원, 직장 건강검진, 점심 제공, 야유회 등 복지사업이 있고, 특별한 사유가 없으면 정직원으로 계속 근무할 수 있다. 찬영이는 5년차 때 포상금과 근속 휴가를 받았다. 찬영이도 나도 만족스럽고, 감사한 마음이고 베어베터와 같은 발달장애인을 위한 좋은 회사들이 많이 생겼으면 하는 바람이다.

네 손을 놓지 않을게

바리스타의 꿈을 이루다

김진희

• • •

유진이는 특수학교에서 고등학교를 졸업했다. 나는 아이의 진로를 늘 고민했지만 막막하기만 했고, 졸업은 생각보다 성큼 다가왔다.

고등학교 졸업 후 유진이는 특수학교의 직업훈련반에 들어가지 못해서 복지관 직업훈련프로그램을 이용했다. 오전에는 포장이나 조립 같은 단순 반복 작업을 하고 오후에는 다양한 여가 활동을 하는 프로그램이었다.

하지만 단순 반복 작업이 아이에게는 맞지 않았다. 작업 시간에는 졸기 일쑤였고 하지 않던 엉뚱한 일탈 행동까지 하곤 했다. 비교적 순응적이고 학교생활도 잘 했던 아이였기 때문에 의외의 아이 반응에 나는 당황했다. 그때 나는 직업도 아이의 성향에 맞아야 한다는 것을 깨달았다.

아이는 복지관의 직업 아카데미 과정을 거치며, 시간 지키기, 자기관리, 자격증 따기 등 취업에 필요한 자질과 소양을 익혔다. 나는 본격적으로 아이에게 직업 탐색을 시켰다. 유진이는 복지관 직업체험프로그램에서 우편업무 체험을, 동네 작은 책방에서는 일일 사서 체험도 했다. 구립 장난감

도서관에서 한 달간 근무했는데, 잠시였지만 아이가 경험하기에는 좋은 기회였다.

나는 여러 장애인 채용 기관을 방문해서 장애인들이 근무하는 현장을 직접 보고 고민했다. 그렇게 몇 년의 직업 훈련 과정을 거쳤지만, 아이에게 취업의 기회는 쉽게 오지 않았다. 10여 년 전만 해도 지금보다 장애인 고용 기관도 많지 않았고 이미 마련된 취업 기관은 비교적 경증 장애인들에게만 취업 기회가 주어졌다. 그러다가 다행히 모 보호작업장에서 운영하는 카페에 취업할 수 있었다. 복지관에서 교육 받을 때 이미 바리스타 자격증을 획득해 놓았기에 가능한 일이었다. 아이는 한 달간의 수습 기간을 잘 통과하고 그야말로 꿈이었던 바리스타로 정식 취업이 되었다.

유진이가 취업한 후 나는 아이가 직장에서 잘하고 있는지 염려되고 궁금해서 먼 발치에서 지켜보았다. 그런데 아이는 멋진 유니폼을 입고 여유 있게 손님을 응대하는 멋진 바리스타가 아니었다. 카페는 붐볐고 아이는 얼음을 채우랴, 쓰레기를 치우랴, 설거지를 하랴 정신없이 바빴다.

나는 너무 마음이 아팠다. 아직 익숙하지 않아 그저 지시대로 허드렛일을 하는 아이 모습을 보며, '당장 그만두게 할까? 직업이 없으면 어때, 그냥 행복하게 살면 되는거 아닐까?'라고 생각하며 구석진 곳에서 울음을 삼키고 있었다. 그러나 이미 취업을 시킨 선배 엄마의 격려도 듣고 비장애인들도 직업인이라면 거쳐야 할 과정이고 감내해야 할 일들이라 여기며 좀 더 지켜보고 아이의 새 도전을 응원하기로 마음을 다잡았다.

아이는 다행히 보호 작업장 선생님들과 카페 점장님들의 도움으로 하나하나 잘 배우고 적응했다. 출근 시간에 맞춰 스스로 준비하고 혼자 대중교통을 이용할 줄 알고 직장에서의 규율을 기억하고 지키려 노력했다. 직장 내 동료들과의 예의를 배우고 다양한 근무 소양도 익혔다. 출퇴근 오가면서 편의점도 이용하고 가끔 동료들과 여가 활동도 즐긴다.

물론 그 와중에 개인 성향이 다른 동료들과 충돌하며 소소한 갈등도 있지만 그것을 통해 아이는 인간 관계를 배우고 소통 능력과 예의, 배려를 배우며 성장한다. 월급날에는 자신의 급여를 보여주며 자랑하고 뿌듯해한다. 부족하지만 금전 관리를 배우며 씀씀이를 조절하는 것을 익힌다. 취업 활동을 통해 아이는 사회 속에서 살아가며 존재감을 느낀다. 약속을 지키고 자신의 취향을 알고 선택할 줄 알고 인간관계를 고민하며 경제 활동을 한다. 주변의 인정을 받으며 자존감도 올라간다.

취업은 아이나 부모에게 큰 도전이며 직업을 가졌다고 해서 아이가 마냥 행복하고 모든 고민이 끝난 것도 아니다. 하지만 직장이라는 새로운 환경을 경험하게 하는 것은 아이에게 성취감과 자긍심을 주며 한 뼘 성장하는 기회가 된다. 오늘도 서툰 화장을 하고 좋아하는 옷을 골라 입고 나름대로 멋을 내고 출근하는 아이의 뒷모습을 보노라면 안쓰러움과 대견함, 감사함이 교차한다.

돌이켜보면 좌충우돌하며 주저앉을 때도 많았지만, 아이에게 무엇이 최선일지 끝까지 고민하고 찾다보면 길은 열렸던 듯하다. 항상 중요한 것은 포기하지 않고 계속 준비하고 기회가 오면 도전해 보는 것이다. 정답은 없다. 다만, 나는 아이가 세상 속에서 유연하게 어우러져 살기를 바랄 뿐이다. 엄마의 고민은 오늘도 계속된다.

엄마가 바라본 아이의 직장생활

이진희

•••

아이는 고등학교를 졸업하고 서울발달장애인훈련센터에서 다양한 교육을 받으며 취업 준비를 했고, 여러 선생님의 노고로 우여곡절 끝에 지금의 회사에 입사했다. 졸업 후 딱 1년 만의 일이고, 벌써 5년 전의 일이다. 아이가 하는 일은 데이터 라벨링 작업으로 AI가 스스로 학습할 수 있는 형태로 데이터를 가공하는 작업이다. 이 일은 자폐 스펙트럼 장애인인 아이의 적성에 딱 맞는 일이기도 해서 나는 더 감사한 마음이고, 아이도 지금까지 즐거운 마음으로 일하고 있다.

처음 입사했을 당시, 아이는 신이 나서 출근하는데, 오히려 나는 '일은 제대로 하는 걸까? 혹여 실수하지 않을까? 주변 분들께 실례를 범하지는 않을까? 점심은 제대로 먹었을까?' 하루 종일 노심초사하며 아이의 퇴근을 기다리곤 했다. 회사에 전화해서 잘하고 있는지 여쭤보고 싶은 적도 여러 번 있었고, 점심시간에라도 살짝 가볼까 신발을 신었다 벗었다 하기도 몇 차례 했다. 그러다 퇴근길에 저 먹고 싶은 간식 하나 사 들고 신이 나서 들어오는 아이를 보면 안심했고, "오늘 하루 어땠어?" 라고 물으면 "재밌었어요."라는 대답에 안도하곤 했다. 지금 생각해 보면 선생님들이나 회사 동료분들보다 엄마인 내가 더 아이를 부족하다고 생각하고 믿지 못해 불안했던 거 같다. 아이는 이미 성인이고 하루하루 성장해 가고 있는데, 나는 늘 제자리였던 것이다. 아이들은 믿는 만큼 자라는데 말이다.

얼마 전 우연한 기회에 인턴 시절 아이의 일지를 보게 되었다. 처음 경험하는 직장 생활, 아이는 쉬지 않고 일만 했다고 한다. 고지식한 친구니 직장은 일을 하는 곳이라고 생각했을 것이고, 마음에 쏙 드는 직장이니 잘하고 싶은 마음이 컸을 것이다. 선생님도 안 계시고, 쉬는 시간을 알리는 종소리도 없으니 그냥 하루 종일 화장실도 안 가고 물도 안 마시고 일만 하더란다. 업무는 그럭저럭 잘 따라오는데, 사회성이 부족한 아이는 오히려 쉬는 시간, 점심시간을 더 어려워해서 일일이 가르치셨다고 쓰여 있었다. 일지를 읽으면서 그 상황이 상상되어 약간 웃음이 나면서도 눈물이 찔끔, 마음이 찌르르 아팠다. 또 한편으로는 그때 몰랐었길 다행이다 싶기도 했다. 그렇게 저 혼자 해낸 아이가 기특하고 자랑스러웠다.

5년이 지난 요즘은 가끔 안마의자에 누워 휴식을 취하는 아이를 본다고 하시니, 그 또한 그림이 그려지고 웃음이 난다. 직장 생활은 아이를 여러 면으로 성장시켰다. 어느 정도 눈치도 생겼고, 매너도 세련되어지고, 언어 능력도 확장되었다. 무엇보다 자폐 스펙트럼의 가장 취약점인 사회적 인지가 많이 향상되었고 조금씩 자신감이 생기고 자존감도 높아졌다.

자신감과 자존감은 장애의 유무와는 상관없이 삶에 있어 참 중요한 요소라고 생각한다. 아이의 장애는 완치되는 것이 아니니 있는 그대로를 인정하는 것이 우선이다. 누구와도 비교하지 않고, 자기가 가지고 있는 소질과 적성을 찾아 능력에 맞는 일을 하며 열심히 살 때, 아주 작고 단순하고 쉬운 일이어도 주어진 그 일을 해낼 때, 우리 친구들은 기쁨과 성취감을 맛보고 자신감을 얻는다.

이런 이유로 나는 우리 발달장애인들이 직업을 꼭 가졌으면 좋겠다. 나도 아이가 언제까지 이 일을 할 수 있을지, 또 어떤 미래가 기다리고 있을지 알 수 없기에 가끔은 불안하다. 하지만 예전같이 마냥 두렵지만은 않다. 혹 지금의 일을 그만두게 되더라도 다시 시작하면 되고, 하나씩 배워가면 되니까. 이렇게 지난 5년 동안 아이는 엄마도 성장시켰나 보다.

마지막으로, 우리 발달장애인들이 본인의 장애에 주눅 들지 말고, 미리 걱정하지도 말고, 자신의 속도에 맞게 즐겁고 알찬 학창 시절을 보냈으면 한다. 그리고 사회에 나와서는 본인이 좋아하는 일을 찾아 하루하루 보람되고 행복한 성인으로 거듭나길 바란다.

2부
우리는 가족입니다

아빠와 비장애 형제자매
그리고 또 다른 가족

아빠와 비장애 형제자매

아빠의 도움이 없다고 좌절하지 마세요

...

영진이 아빠는 그야말로 무뚝뚝한 경상도 남자, 일밖에 모르는 사람이다. 아내가 마음이 아플 때도 위로해줄 줄 모르고 집안 일과 육아에도 전혀 도움을 주지 않는 사람이다. 엄마는 일찌감치 기대를 접었지만 남편과 육아 부담을 함께 나누고 해소할 수 없자 점차 지치고 우울해졌다. 다행히 사촌 동생이 가까이 있을 때는 아이와 아빠처럼 잘 놀아주었는데 두 발 자전거 페달 밟는 것부터 소소한 것들까지 가르쳐주었다.

사촌 동생마저 없을 때는 교육기관에서 다양한 체육 프로그램을 이용했다. 이왕이면 남자 선생님의 배정을 부탁했고 남자들끼리 어울리는 프로그램을 찾아 아빠의 빈자리를 채워주려고 했다. 아이에게 아빠의 부재로 인한 결핍을 느끼게 하고 싶지 않은 무의식적인 엄마의 노력이었던 듯 하다. 아이가 4, 5살 무렵부터는 대중 목욕탕 남탕을 이용해야 했다. 대중 목욕탕을 좋아했던 아이는 자주 가고 싶어했는데, 아빠 대신 가주던 삼촌이나 외할아버지도 안 계신 날에는 난감했다. 엄마는 궁리 끝에 목욕탕에서 일하시는 아저씨께 도움을 청해서 아이를 부탁하고, 혹시 모를 상황에 대비해 밖에서 대기했다. 큰 워터파크에는 장애아를 위한 목욕탕 시설이 구비되어 있고 아빠와 함께 오지 않은 아이들을 위한 서비스도 있다.

그런데 '그래도 아빠가 있는 게 좋구나!'하고 느꼈던 사건이 있었다. 영진이가 초등학교 때 온라인으로 학교폭력에 휘말리게 되었다. 아이가 피해자로 학폭위까지도 열리게 되는 심각한 상황이었는데 교장 선생님과 대화 중 엄마의 의견이 받아들여지지 않는 답답한 상황이 되었다. 그때 남편의 전화 한 통으로 일이 원만하게 해결되었다. 그 이후 학교에서 아이를 대하는 것이 뭔가 달라졌다고 느껴졌는데, 아빠의 든든함을 느낄 수 있었던 일이다.

육아에 적극적으로 참여하지 않는 아빠와는 굳이 싸우거나 좌절하지 말고, 아빠의 역할을 대신할 수 있는 사람, 다양한 프로그램이나 서비스를 적극 찾아서 이용하면 좋다.

너 손을 놓지 않을게

아빠가 더 잘하는 것들

...

승진 아빠는 성품이 자상하고, 아이들에 대한 사랑이 매우 극진하다. 첫째 아이인 승진이가 어릴 적부터 아프고 장애 진단을 받으면서 엄마가 많이 힘들어했는데, 남편은 매우 큰 힘이 되었다. 아이들 등하교부터 여가 활동, 병원 주치의 상담까지, 거의 아빠가 아이들을 키웠다고 해도 과언이 아니다. 승진이는 특히 자동차를 좋아하고, 온갖 교통수단에 관심이 많았다. 아빠가 그런 부분에서 아이와 많은 이야기를 나누고 함께 검색하고 기차 박물관, 자동차 박물관 견학을 다니면서 아이의 궁금증을 충분히 채워주었다. 또 야구나 자전거 타기 같은 운동이나 여가 활동도 아빠가 거의 도맡아 했다.

사춘기에 들어선 동생들이 승진이와 갈등을 겪자, 아빠가 여행, 캠핑을 자주 다니며 대화를 통해 많이 풀어주었다. 비장애 아이들은 고3쯤 되면 부모 손을 거의 벗어나지만, 승진이는 아빠가 많이 도와주어야 했다. 사춘기에 들어선 아이의 성적인 호기심에 대해서도 대화를 하며 잘 지도했다.

승진이의 얼굴에 난 수염을 보고 엄마는 자를지, 그냥 두어야 할지 난감해

할 때 아빠는 면도하는 것을 직접 보여주며 가르쳤고, 아이는 서툴지만 스스로 할 수 있게 되었다. 장애 아이가 아들인 경우는 사춘기에 들어서면서 아빠의 역할이 특히 중요하고 아빠가 그 역할을 잘 해주면 엄마에게도 큰 힘이 되는 듯하다.

물론, 승진이 부모도 처음에 아이의 장애를 받아들이는 것이 쉽지는 않았다. 아이는 건강하게 태어났고 조금 늦될 뿐이라 여겼는데, 결국 8살 때 장애 진단을 받았다. 진단을 받은 후, 부부는 서로 힘들어서 한동안 대화조차 많이 안 했다. 돌이켜보면 아마도 아이를 서로의 짐으로 여겼던 듯하다. 부부는 각자의 자리에서 아픔을 삭이면서 지냈는데 그래도 겉으로는 내색을 안하고 서로에게 긍정적인 힘을 주려고 노력했던 듯하다.

2, 3년이 지난 후부터는 함께 신앙생활도 하고, 대화를 이어가며 부부 사이도 좋아졌다. 한편, 동생들은 형에게 무조건 양보해야 하고 아빠는 무조건 형 편이라고 억울해하고 서운해한다. 동생들에게도 충분한 사랑을 주었지만 형의 소소한 것까지 챙기는 아빠가 형을 더 편애한다고 느꼈던 듯하다. 엄마는 아이를 강하게 키워야한다는 입장이지만 아빠의 마음에는 승진이에 대한 안쓰러움과 아이가 무시당하지 않아야 한다는 강박적인 생각이 깔려있는 듯했다. 지금은 서로의 생각을 조율하면서 아이를 위한 최선의 길로 함께 가고 있다는 든든함을 느낀다.

여동생의 일기장

...

엄마는 재성이 여동생이 표현을 잘 안하니까 오빠의 장애에 대해서 잘 모른다고 생각했다. 그런데 딸이 초등학교 2학년 때 우연히 '비밀 일기장'을 열어보게 되었고, 큰 충격을 받았다.

오빠의 장애는 물론이고, 엄마가 오빠를 돌보며 힘들어하는 것까지 모두 인지하고 있었다. 심지어 '엄마, 아빠가 더 빨리 돌아가시면 오빠는 내 몫이다. 나는 결혼을 못 할 듯 싶다. 같은 가족도 힘든 상황인데 남이 그걸 받아주겠느냐.' 라는 내용들이 적혀있었다. 엄마는 그 자리에 주저앉아 엉엉 울었다.

그 후로 아빠와 의논하고, 아이한테 부담을 주지 않으려고 나름 최선을 다했다. 아이를 전학시켜 오빠와 분리하고 "네게는 절대 오빠로 인한 부담을 주지 않겠다. 엄마, 아빠가 오빠는 끝까지 책임지고 보살필 테니 전혀 걱정하지 말고 그저 네 꿈을 실현하고 네 인생을 살면 된다."라고 당부했다. 그리고 의도적으로 그 얘기를 전혀 꺼내지 않았다. 부부는 항상 동생을 신경 쓰고 있었기 때문에 당연히 그런 짐에서 벗어나 있다고 생각했다. 그런데 아이는 대학에 가고 나서 표현을 하기 시작했다.

엄마의 사랑을 오빠에게 빼앗겼다는 생각을 오랫동안 하고 있었다. 엄마가 좀 편해지면 자신에게도 신경 써줄 거라고 기대하고 있었는데, 계속 참다가 결국 폭발을 하고야 말았다. 엄마는 나름 딸을 위해 노력했다고 생각했는데, 갑작스런 이런 반응은 엄마를 당황하게 했다.

엄마도 많이 힘들고 지쳐있던 시기였다. 재성이 키우는 것도 이제 한숨을 돌리려나 했는데, 믿었던 딸에게 서운함마저 들었다. 그 시기에는 딸과 참 많이도 부딪쳤다. 재성이를 키우면서 딸 아이의 마음이 더 힘들까봐 그에 관한 문제나 어려움을 일절 얘기 안했는데, 엄마는 그것을 후회했다. 재성이가 내 아들인 것이 내 운명인 것처럼 딸의 오빠인 것도 딸의 운명인 것인데, 부모가 아이한테 짐을 안 지우겠다고 그 짐이 사라지는 것은 아니라는 생각이 들었다. 자연스럽게 동생이 오빠를 바라보는 관점도 살펴보고, 아이의 마음도 다독이면서 온 가족이 모든 상황을 함께 했으면 더 좋았을 거라는 아쉬움이 들었다.

잘 여물고 있구나

...

장애를 지닌 누나의 존재는 어릴 적부터 함께 자라는 동생의 삶에 많은 영향을 줄 수밖에 없다. 은진이의 연년생 남동생은 여리고 순한 성격이다. 동생이지만 발달이 느린 누나보다 엄마의 돌봄에서 늘 밀려나기 일쑤였는데 오히려 누나를 더 챙기는 동생이었다. 누나와 함께 초등학교를 다니면서 많은 놀림을 받았는데 엄마는 누나의 장애가 아이에게 상처가 될까 싶어 늘 노심초사했다.

중학교 2학년 때는 학교에서 급우와 싸움을 했는데, 동급생은 홧김에 아이의 누나가 장애인임을 언급하며 엄마까지 비하하는 말을 해서 싸움은 커지고 말았다. 싸움의 전말을 들은 엄마는 형언할 수 없는 아픈 마음에 며칠 동안 몸살을 앓았다. '그 아이가 장애 형제를 둔 아이의 삶에 대해 조금이라도 공감했다면, 그런 말을 할 수 있었을까?' 애써 그 아이를 이해하려 했지만, 장애아를 둔 가족이나 형제들이 겪는 아픔에 대해 관심이 부족한 현실이 그저 답답할 뿐이었다.

언젠가 초등학교 때 아이 일기장에서 누나를 자신이 끝까지 돌보고, 부모의 기대에 실망하지 않도록 노력하겠다는 글을 보면서 아이가 느꼈을 부담감에 마음이 아팠다. 이제는 성인이 된 아들을 보면 엄마는 늘 미안하고 마음 한 구석이 짠하다. 아이에게 "엄마가 조금 더 의연하고 현명했다면, 네가 덜 상처받고 자랄 수 있었을 텐데, 엄마가 많이 부족했다."고 말하니 아이는 "그것은 엄마 탓도 아니고, 누나 탓도 아니고, 그 누구의 잘못도 아니에요."라고 하며, 오히려 엄마를 위로했다. 이렇듯 아이의 속 깊은 얘기에 '그래도 잘 여물고 있구나.' 생각이 들어 뿌듯했다.

엄마는 가끔 아이들에게 말한다. "누나로 인해서 엄마는 많이 성장해서 참 감사하다."고.

네 손을 놓지 않을게

자신의 상황을 긍정적으로 바꿔가는 아이들

...

발달장애가 있는 승진이는 어릴 적부터 6살 아래 막냇동생과 함께 잘 놀았다. 자동차 놀이, 블록 쌓기 놀이나 공터에서 뛰어놀기 등을 하며 자랐는데 굳이 놀이치료가 필요없을 정도였다. 승진이 여동생이 6학년 무렵 사춘기가 한창인 어느 날, 아이와 새벽까지 오랜 대화를 나누던 중이었다. 늘 그렇듯 대화의 끝은 오빠의 장애에 관한 이야기였다. 갑자기 아이가 울기 시작했다. 친한 친구에게 용기를 내서 오빠가 장애인이라고 말했는데 친구는 "그래? 그러면 너도 장애인이 될 수 있는 거야?"라고 말했단다. 아이는 그 말을 듣는 순간 사람들이 자신에 대해 갖게 될 편견과 사회에 나가서 맺을 인간관계도 두렵고, 배우자마저 만나기 힘들 것 같은 절망감을 느꼈다. 아이는 학업 성적도 좋고, 성격 활발하고 리더십도 좋아서 어디서든 인정받지만, 스스로 자존감은 회복되지 않는다고 털어놓으며 엉엉 울었다.

딸의 그런 모습을 처음 본 엄마의 마음은 속절없이 무너졌다. 큰 아이가 장애를 앓으며 엄마에게 우울증이 왔었는데, 아마도 그것이 딸에게 고스

란히 전해진 것이 아닌지 염려되었다. 그 후 엄마가 적극적으로 치료를 받자, 딸의 마음이 보이기 시작했다. 함께 여행도 가고 예쁜 카페에도 가면서 아이와 많은 이야기를 나누었고, 진심으로 사과도 했다. 이렇게 지속적으로 아이의 마음을 받아주고 헤아려주는 노력을 하다보니 아이도 엄마의 마음을 이해해주고 고마워했다.

아이는 이후 대안학교로 전학을 했고, 점차 자신의 상황을 받아들이고 긍정적으로 노력했다. 마음을 치료해주는 상담사나 정신과 의사가 되고 싶은 꿈도 생겨서 학교에서 왕따를 당하거나 마음이 아픈 아이들에게 먼저 다가가서 상담사 역할을 해주고 있다. 장애를 지닌 오빠를 둔 가정 환경이 아이에게 아플 수는 있다. 하지만 그 아픔을 긍정적으로 받아들이고 딛고 일어서면 아이는 스스로 꽃피우며 건강한 삶을 살 수 있다. 아이의 성장 과정을 보며 엄마는 그저 감사하다.

형을 돌봐야 한다고 생각하는 동생

...

"형, 이렇게 해야지" 우진이는 장애가 있는 형을 보살피고 가르친다. 여동생 두 명이 있는 우진이는 오빠 노릇도 하는데 장애가 있는 형을 대신해 맏이 역할까지 한다. 엄마는 아이가 힘들어 보여서 학교생활만은 편하게 해주고 싶어 대안학교에 가기를 권했다. 하지만 아이는 "힘들어도 엄마, 아빠 곁에 있고 싶어요."라고 말했다. 그래서 엄마는 아이의 의견을 받아들여 집 앞에 있는 학교로 보냈다. 비장애 형제가 힘들어하는 부분은 최대한 들어주고 이해해주어야 한다. 아이는 어려도 형에게 장애가 있는 사실을 알고 있고, 아빠가 행여 안 계시면 자신이 모든 형제를 돌봐야 한다는 부담을 가지고 있었다. 엄마는 아이의 마음을 알고 너무 마음이 아팠다. 그래서 아이를 안심시키려 "장애인을 위한 정책이 계속 발전하고 있고, 엄마와 아빠도 형의 미래에 대해서는 준비할 거야. 너 혼자 절대 책임지는 상황은 만들지 않을거야."라고 말했다. 하지만 아이는 여전히 마음 깊이 자리 잡은 책임감과 부담감을 떨치지 못하는 듯하다.

이제는 이해할 수 있어요

...

오빠는 저에게 소중한 가족이지만 오빠의 장애는 그렇지 않았다. 오빠를 숨기고 싶진 않았지만 오빠의 장애에는 당당하지 못했다.

내가 중학교에 입학할 무렵, 엄마는 오빠가 장애인이라는 사실을 주변 사람들에게 말하지 말라고 당부하셨다. 아직은 장애인에 대한 시선이 좋지 않고, 그렇기에 내가 불이익을 받거나 친구들에게 놀림의 대상이 되거나, 왕따가 되거나 하는 그런 최악의 상황은 피하고자 그렇게 말씀하셨던 것 같다. 그때 나는 오빠의 장애에 대해 당당할 수 없다는 사실이 너무 속상했지만 엄마가 걱정하시는, 내가 받을 수도 있는 피해들을 생각해 보면 어쩔 수 없다는 생각이 들었다. 그래서 속상함과 슬픔을 느끼면서도 오빠의 장애를 숨겼다. 실제로 초등학생 때 오빠랑 같은 학교에 다녔는데 친구들이 오빠가 장애인이라고 놀렸던 게 조금은 힘들었다. 그래서, 지금도 오빠의 장애를 먼저 말하고 다니지는 않는다.

엄마는 나에게도 오빠의 장애를 숨기셨다. 나는 오빠의 장애를 초등학교 3학년이 되어서야 알게 되었다. 심지어 엄마께 직접 들은 것도 아니고, 아주 우연한 계기였다. 그전까지 나는 오빠가 장애인이라는 사실을 들은 적도 없고, 인지하지도 못했다. 그러던 어느 날 엄마가 나를 차에 두고 집에 두고 온 물건을 가지러 간 사이 차 안에서 장애인 주차증을 발견하게 됐다. 호기심에 살펴보다가 그 안에서 오빠의 이름을 발견했다. 어린 나였지만 왠지 당장 이 사실을 엄마께 말하면 안 될 것 같다는 생각이 들어서 모른 척하고 있다가 조금 더 자란 후에야 엄마께 여쭤볼 수 있었다.

내가 특수교사가 되고 싶은 것도 오빠와 관련이 전혀 없다고는 할 수 없다. 처음 특수교사라는 직업을 접하게 된 것도 내가 진로를 고민할 때 오빠랑 같이 다니던 심리센터 선생님이 추천해 주신 거였다. 나는 남을 도와주는 일이 좋기도 하고 오빠가 장애인이다 보니 장애를 이해하는 부분에 있어 다른 사람들보다 더 잘할 수 있을 거 같아 괜찮겠다고 생각했다. 지금은 특수교사뿐만 아니라 남을 도와주는 사회복지 분야에도 관심이 생겼다. 특수교사가 된다면 장애인은 물론 나와 같은 상황에 있는 사람들을 도와주면서 모두가 함께 행복할 수 있는 세상을 만들고 싶다. 특수교사는 단순히 장애인을 잘 가르치기만 하면 되는 거 아닌가? 라고 생각하시는 분들도 있겠지만 나는 잘 교육받은 장애인 한 명 한 명은 주위 사람들에게 긍정적 영향을 주고, 결과적으로는 장애 인식개선까지 영향을 줄 수 있다고 생각한다. 사실 거기서부터 시작이다. 그래서 그 부분까지 신경 쓸 수 있는 특수교사가 되는 것이 내 꿈이다.

장애인 가족은 당사자만 아니라 그 가족들도 차별적인 시선을 받기도 한다. 우리만 해도 잘 지내다가 투덕거리기도 하고 가끔은 함께 영화를 보러

125
2부 - 우리도 가족입니다

가기도 하는 평범한 남매인데 사람들은 특별한 시선으로 보는 거 같다. 나는 장애인에 대한 인식이 바뀌면 더불어 그 가족을 보는 시선도 달라질 것이라고 생각한다.

이 글을 보고, 혹시 길에서 장애인과 그 가족을 만나신다면 연민의 시선보다는 그저 평범한 가족으로 바라봐 주시길 부탁드린다.

네 손을 놓지 않을게

임마에겐 모두 아픈 손가락

김사라

• • •

큰 아이는 어릴 때부터 입이 짧고 잘 먹지 않아 허약했다. 그래서 나는 놀
이터까지 밥공기를 들고 나가서 한 숟가락이라도 더 먹이려고 애쓰며 전
쟁 아닌 전쟁을 치르곤 했다. 그랬던 아이가 초등학교 3학년이 되었고 동
생 찬영이가 태어났다. 터울이 아홉 살이나 나는지라 처음에는 큰 어려움
없이 육아할 수 있었는데, 24개월쯤 찬영이의 언어발달에 문제가 있음을
인지하면서 우리의 평화는 깨졌다.

놀이치료를 시작으로 아이의 치료가 시작되었고, 여기저기 치료실을 전전
하면서도 나는 큰 아이의 교육도 소홀히 할 수 없었기에 두 아이를 데리고
몸이 부서져라 정신없이 학원과 치료실을 쫓아 다녔다. 그때부터 진짜 전
쟁이 시작되었다. 큰 아이가 중학교 3학년 때에는 제법 먼 거리에서 과외
수업을 받았는데, 아직 어린 찬영이를 혼자 둘 수 없어서 늘 셋이 함께 다
녔다. 비가 억수같이 내리던 어느 날은 형이 수업하는 2시간 동안 차 안에
서 잠들었던 찬영이가 심한 감기가 들어 고생한 적도 있고, 고등학교 때는

찬영이가 치료실에서 치료받는 동안 지하철을 타고 집으로 가 한창 공부하는 큰 아이의 저녁을 부리나케 챙겨주고 다시 치료실로 가기를 반복했다.

그러던 어느 날, 큰 아이에게 폐에 구멍이 생기는 '기흉'이라는 병이 생겼다. 아이는 고등학교 졸업하기까지 총 아홉 번의 입원과 세 번의 수술을 받게 되었다. 언제 다시 응급상황이 올지 몰라서 학원을 보낼 수도 없었고, 중요한 시기에 몸도 약한 아이가 그 힘든 수술과 치료를 견디면서 공부하는 것이 너무 안쓰러워 집에서 과외를 시키게 되었다. 그 때 교육비가 만만치 않아 너무 속상하고 미안했지만 찬영이의 치료를 줄일 수밖에 없었다.

그렇게 어렵게 수능시험 날까지 잘 견뎌주었던 아이는 수능시험 당일 결국 재발하였고, 겨우겨우 시험을 끝내고는 바로 입원하였다. 장애가 있는 작은 아이만으로도 모자라 큰 아이까지… 왜 나에게 이런 일이 생기는지 하늘이 원망스러웠고 분노가 치밀었지만 아픈 아이 앞에서 나는 괜찮은 척 눈물을 삼킬 수밖에 없었다.

그렇게 힘든 시간을 보낸 아이는 결국 원하던 학교에 입학하게 되었고, 건강도 아주 좋아졌다. 그리고 얼마 전 박사과정을 졸업하고 본인이 원하던 곳에 취업하였다. 표현에 서툰 아이지만 말하지 않아도 이런 열매를 맺기까지 얼마나 힘들었을지 나는 안다. 본인의 건강 문제와 장애가 있는 동생과 복잡한 집안 사정까지 힘든 시간을 묵묵히 잘 견뎌준 아이가 대견하고 늘 고맙다. 힘들었던 그 시간이 아이에게 양질의 자양분이 되어 더 뿌리 깊은 나무가 되고 더 탐스러운 꽃과 열매를 맺을 것을 믿는다.

큰 보물

김정수

...

"엄마! 오늘도 울 거야? 매번 갈 때마다 울면 어떡해!"

"그러게 말이야…. 엄마가 아들 너무 사랑해서…."

"나도 사랑해! ㅋㅋㅋ"

일 년에 한 번 듣는 말! 그래도 난 가슴이 두근거린다. 영원한 짝사랑이지만 행복하다. 매년 이런 헤어짐이 나는 무척이나 힘이 들고 마음 한편이 시리다. 귀국 날짜가 정해지면 '드디어 보는구나.' 하는 설렘으로 하루하루 시계만 보게 되고, 귀국하면 하루 24시간이 총알처럼 훅 지나가 버린다. 이번에도 어김없이 25일이란 기간이 눈 깜짝할 사이에 지나가 버렸다.

큰 애를 생각하면 가슴이 쓰리고 미안함이 한가득 아니 셀 수 없을 만큼 넘친다. 항상 아픈 동생을 돌보느라 바쁜 엄마의 빈 자리를 느끼면서 조금은 외롭게 성장했다. 다행히 4살 터울이라 많은 이해와 양보하는 마음으로 동생을 온전히 받아들인 거 같다. 세월이 훌쩍 지난 지금 돌이켜보면 엄마와 동생이 늦게 왔다고 짜증 한 번 낸 적이 없는 거 같다. 큰 애 4학년, 작은 애 7살 때 잊고 싶은 기억 하나가 있다.

가족들과 영화를 보러 갔던 날이었다. 나는 남편과 영화를 보고 큰 애는 작은 애를 데리고 따로 보게 되었다. 끝나고 만나기로 한 장소로 갔는데 아무리 기다려도 오지를 않았다. 그 당시에는 큰 애가 핸드폰이 없어 연락할 길이 없었다. 30분 넘게 아무리 찾아도 애들은 흔적조차 없었다.

목이 터지게 애들 이름을 부르면서 눈물 콧물로 얼룩진 얼굴로 미친 듯이 찾았다. 자정이 넘고 영화관에는 인기척을 느낄 수가 없었다. 남편은 그런 나를 진정시키면서 혹시 집에 가 있을 수 있으니 가보자고 해서 신고는 나중으로 미루고 집으로 왔다. 세상에나!!! 형제가 꼭 끌어안고 자고 있는 게 아닌가! 순간 나는 큰 애를 깨우면서 소리를 질렀다.

그런데 큰 애는 아무 일 없다는 듯이 끝나고 나왔는데 엄마가 없길래 동생을 업고 달래가면서 집에 걸어왔다고 말했다. 그 밤에 버스로 네 정거장을 걸어 온 것이다. 그래도 알게 모르게 동생을 보호하고 돌봐야 한다는 것을 이미 깨달았던 것 같다. 어린 나이에도 두려워하지 않고 동생을 챙긴 것이다. 동생에 대한 무한한 사랑을 느낄 수가 있었다. 동시에 큰 애한테 미안함이 밀물처럼 밀려왔다. "한경아, 엄마가 미안해." 큰 애는 "괜찮아!"하면서 동생을 다시 안고 잠을 청했다. 그날은 생각도 하기 싫은 날이다. "후유~"

내 핸드폰에 큰 애 저장 명은 큰 보물이다. 세상 어떤 보물과도 바꿀 수 없는 나의 사랑, 나의 힘, 큰 보물이다. 공항에 데려다주고 허전한 마음으로 집으로 왔다. 힘없이 소파에 기대어 멍하니 앉았는데 시선이 멈췄다. 큰 애가 남기고 간 팬티가 건조대에 있었다. 팬티에게 말했다. "너도 나처럼 일 년을 기다려야 만날 수 있겠구나!"

그리고 큰 보물에게 문자를 보냈다. '나의 큰 보물~ 최선을 다해 열심히 노력하면 눈앞에서 꿈이 이루어지는 순간을 맞이할 수 있을 거야! 사랑한다.'

네 손을 놓지 않을게

2부 – 우리는 가족입니다

그리고 또 다른 가족

발달장애인 손주를 지켜보며

김하진

...

나는 발달장애인 손자를 20년이 넘게 살펴온 할아버지다. 생후 첫 돌까지는 다른 아이와 다를 바 없이 정상적 발달을 보였던 손자가 갑자기 말수가 크게 줄었다. 온 가족이 그 연유를 궁금해했는데, 휴가로 동해안에 갔을 때 온 가족이 "야! 바다다."라고 했을 때 손자도 같이 "바다"라고 말해서 우리를 놀라게 한 기억이 있다. 이런 징후에도 나는 별일 없으려니 생각했었는데, 얼마 후부터 중요한 징후가 나타나기 시작했다. 길을 걸을 때 다리 뒤꿈치 세우고 인도와 차도의 경계를 걷기를 좋아했고, 밥그릇 뚜껑 같은 둥근 물건을 보면 그것을 세워 돌리기를 계속하는 것이다. 그제야 아이에게 문제가 있음을 감지하고 그 정도가 심상치 않음을 인지했다.

답답한 마음에 가까운 여러 지인에게 문의하였으나 마땅한 답을 얻을 수 없었다. 여러 궁리 끝에 종합병원에서 검사받고 '발달장애' 판정을 받았다. 우선 의사의 권유로 미술 치료실에 보냈는데 그림 그리기를 좋아해서인지 의사 표현도 좋아지고 상당한 효과를 보았다. 나이가 참에 따라 '유치원 특수반'에 입학하여 어울려 학습했고, 입학 적령보다 한해 늦게 초등학교에 입학하였다. 중학교와 고등학교에서는 원반과 학습지원실을 오가며 다녔고, 교회의 발달장애 학생을 위한 특별반인 '사랑부'에서 친구들과 어울리게 하여 사회성을 높이는 데 열성을 다했다.

고등학교 졸업 후에는 사회적 기업인 '베어베터'에 취업하여 직장인으로 자긍심을 갖고 열심히 일하고 소임을 다하고 있다. 복지관에서 주관하는 여러 행사에도 빠짐없이 열성적으로 참석하고, 성실하게 맡겨진 일에 최선을 다하는 것을 보며 늘 하나님의 은혜로 감사하고 있다.

일반적으로 발달장애인들은 사회성이 부족하여 사회생활이 원만치 못하고 타협이 어렵고 자기 판단에 집착하여 양보하기를 싫어하는 특성이 있는 것같다. 손자는 타고난 본성이 강직하고 고집이 쎄서 스스로 양보하고 배려하는 사회성을 갖게 하는 데 할아버지로서 신경을 쓰고 있다. 손자는 하고 싶은 것은 반드시 해내고야 마는 성격은 긍정적이나 가끔 그것을 해서는 안 된다는 것을 설득하고 이해시키는 데는 어려움이 크다.

보호자의 한사람으로 우리나라가 지난 십수 년에 사회적 약자를 돕는 여러 가지 프로그램을 개발함에 감사하는 마음이고, 선진국이 되어 가고 있다는 자부심을 갖는다. 사회 환경이 매우 복잡해지고 다변화로 인하여 발달장애인은 기하급수적으로 늘어나는 추세이다. 보다 적극적으로 대처하는 프로그램 개발이 매우 긴요하다고 하겠다. 끝으로 딸의 힘겨운 삶을 바라볼 수밖에 없는 아버지로서, 아이를 위해 거의 모든 것을 던진 찬영 엄마와 할머니의 희생과 노고에 고마움을 표하며 큰 박수를 보낸다.

상현이와 함께한 추억들

오민주

•••

상현이와 나는 동갑인 사촌이자 어린 시절부터 함께해 온 오랜 친구이다. "상현이도 와?" 어린 시절, 상현이를 만나는 날은 내게 특별한 날이었다. 상현이가 가져오는 비디오-주로 핑구였던 것으로 기억한다-는 재미있었고 무엇보다 상현이는 아주 솔직해서 비디오를 보며 마치 등장인물이 된 것처럼 화를 내기도 하고 크게 웃기도 했다. "와하하!" 하고 크게 웃는 소리에 때로는 깜짝 놀라기도 했지만, 상현이의 솔직한 반응은 내 마음을 편하게 해주었다. 당시의 나는 눈치를 많이 보는 아이여서 더욱 그랬을지도 모르겠다. 이렇듯 어린 시절 상현이는 자연스러운 솔직한 매력이 있는 아이였다. 또, 영어를 잘하고 발음도 매우 뛰어나서 내가 부러워했던 기억이 있다.

청소년기에 접어들며 상현이는 덩치가 커졌고 비례하여 힘도 세졌다. 어느 순간부터 같이 놀자며 팔을 잡아당기는 힘이 무척 세게 느껴져서, 솔직히 가끔 상현이가 무섭게 느껴진 적도 있다. 그런데 이러한 내 생각이 바뀌게 된 계기가 있었다. 어느 날, 집 앞 놀이터에 상현이를 찾으러 갔다가 아이들이 상현이를 놀리고 있는 장면을 목격했다. 너무 화가 나서 내가 막 뛰어가자 아이들은 멋쩍어하며 도망갔고, 상현이는 그런 나를 알아보고 환하게 웃으며 반겨주었다. 이 일로 상현이는 덩치만 커졌을 뿐 또래 아이들보다 더 순수한 친구라는 것을 다시 한번 깨닫게 되었고 더 이상 상현이가 무섭지 않았다.

또, 상현이는 배려심이 많은 친구다. 간식이 있으면 꼭 나누어 먹고, 과자 하나를 나눠줄 때도 나눠주는 것에 대해서 불편한지 꼭 물어본다. 이런 행동은 나에 대해 더 많이 알고자 하고 내 생각과 감정을 이해하려는 노력의 일환일 것이다.

이렇듯 상현이는 떠올리면 절로 미소가 지어지는 사랑스러운 친구이며 내가 아는 사람 중에서 가장 다정한 사람이다. 성인이 되면서부터는 시간적인 여유가 없어 이전만큼 자주 만나지는 못하지만, 생일이나 크리스마스와 같은 기념일에 늘 나를 기억해서 편지를 보내준다. 편지에는 항상 정성스러운 그림이 그려져 있는데 상현이의 그림 실력은 엄청나게 뛰어나서 늘 감탄하게 된다. 그것은 아마도 글로 다 전달하지 못한 마음을 표현한 게 아닌가 싶다. 답장을 거의 해주지 못하는데도 매번 기념일마다 오는 손편지는 내가 주었던 것보다 훨씬 더 많은 것들을 상현이로부터 받고 있음을 느끼게 한다.

내가 오랜 시간 상현이를 보며 느낀 것은 모두가 서로 다른 개성과 능력을 갖추고 있듯이 상현이 또한 마찬가지라는 것이다. 그리고 개인의 이익을

136
네 손을 놓지 않을게

추구하는 계산적인 사람들 사이에서 상현이가 내게 보여주는 진정성과 솔직함은 늘 많은 위로가 되어준다.

이 자리를 빌려 사촌이자 오래된 친구로서 상현이에게 진심으로 고마운 마음을 전하고 싶다.

밤톨이 엄마는 위대해

차예은

•••

밤톨이는 우리 가족에게 참으로 특별한 존재이다. 밤톨이는 우리에게 오기까지 오랜 시간을 기다리게 했고, 손꼽아 기다린 밤톨이의 탄생은 우리 모두의 기쁨이었다. 오늘은 귀하디귀한 밤톨이보다 밤톨이를 훌륭히 키워내고 있는 위대한 밤톨이 엄마에 대한 나의 목격담을 써 보고자 한다.

밤송이처럼 보송보송 귀여운 머리를 가진 밤톨이는 방긋 웃는 미소만으로도 보는 이의 마음을 사르르 녹게 하는 귀여운 아기였다. 그런데 밤톨이를 키우며 다른 지역에 살고 있던 나의 언니 밤톨이 엄마는 점차 연락이 어려워지기 시작했다. 가끔 전화 통화가 가능할 때면, 무척 지치고 힘든 언니의 목소리가 수화기 너머 들려왔다. 몇 마디 나누지 않았지만, 나는 언니가 힘든 상황에 직면했음을 직감했다.

'무슨 일일까? 코로나 때문일까? 왜 이야기해주지 않는 걸까?' 궁금증은 커졌다. 지역이 달라 전화밖에 연락할 방법이 없는 나로서는 발만 동동 구를 수밖에 없었다. 그렇게 연락이 한참 되지 않아 애를 끓이던 어느 날, 언니가 전화로 밤톨이의 '다른' 증상들에 대해 덤덤히 말하며 병원 진료를 예약했다고 했다. 그 순간 나는 뭐라고 대답해야 가장 상처받지 않을까 고민하며 대답했다. "아이들은 발달 속도가 다 다르잖아. 너무 걱정하지 마. 밤톨이는 괜찮을 거야." 이런 나의 대답에 오히려 단호한 것은 언니 쪽이었다.

"아니야. 그런 부정은 도움이 되지 않아. 나는 밤톨이에게 도움이 되는 방법을 찾아 볼 거야." 그 순간 언니가 참 대단하다는 생각이 들었다. 나라면 저렇게 털고 일어나 밤톨이를 위해 할 수 있는 생산적인 일을 찾을 수 있을까? 쉽지 않은 일이었다. 우울감에 젖어 있었던 언니는 대학에 진학하여 공부를 시작하였고, 각종 온라인 세미나, 연수, 박람회 등에 누구보다 열정적으로 참석하였다. 모두 오로지 밤톨이를 잘 이해하기 위해서였다.

언니는 더 이상 예전의 언니가 아니었다. 꽤 단단해져 있었다.

그토록 꿈꾸던 '편견 없이 모든 사람이 편안하게 발달장애에 대해 이해할 수 있는 콘텐츠 개발'에 몰두하고 있었다. 언니는 '무(無)에서 유(有)로의 창작'을 하고 있었다. 밤톨이의 놀이방 한편에 자리한 작은 책상 위에는 각종 다람쥐 종에 관한 두꺼운 원서들, 심지어 다람쥐 해부학 책까지 자리하고 있었다. 그야말로 '몰입'의 경지에 이른 것이었다.

나는 입이 떡 벌어졌다. 이 세상 모든 엄마의 일상이 그러하듯 언니 역시 아침에 첫째 아이의 등교를 챙겼고, 아침밥을 차렸고, 빨래를 갰고, 밤톨이의 눈높이에서 말하고 관찰하고 있었다. 밤톨이가 등원하면 대학 강의를 듣거나, 스터디카페에서 공부하거나 콘텐츠 개발에 몰두했다. 일반 엄마의 업무 더하기 발달장애 엄마의 업무 더하기 학업 더하기 콘텐츠 개발까지 진행하고 있었다. 나 또한 어디 가서 빠지지 않는 다자녀 가정의 워킹맘이지만 언니는 이 세상 모든 엄마의 일상에 곱하기 10은 더한 듯해 보였다.

한때 세상 모든 우울은 혼자 두 어깨에 짊어지고 있는 듯해 보였던 언니가 이렇게 변할 수 있었던 이유가 무엇일까? 어떤 원동력이 언니를 이렇게 살아갈 수 있게 만들었을까? 그건 바로 언니가 밤톨이와 또 다른 밤톨이들의 '다름'을 편견 없이 인정해주는 더 나은 세상에 대한 희망을 발견했기 때문이라 생각한다. 그 희망을 실현하기 위해 밤톨이 엄마는 직접 발로 뛰기로 결심한 것이다.

전 세계 수많은 다양한 다람쥐 종들이 숲속에 평화롭게 살아가고 있는 것이 아무도 이상하거나 특별하다고 생각하지 않는 것처럼, 전 세계의 수많은 밤톨이들도 장애가 있거나 특별한 존재가 아닌 그저 피부색이 다르거나 성격이 다른 '우리' 중 일부라는 것을 언니는 언니만의 콘텐츠로 풀어내고 있다. 밤톨이를 낳아 키우던 한 엄마의 작은 날갯짓이 곧 엄청난 파급력을 불러일으킬 것이라 믿어 의심치 않는다. 모든 밤톨이 엄마들이 용기와 희망을 품기를 바란다. 우리는 모두 위대한 엄마니까.

미운정 고운정

정순연

...

다복한 가정의 막내인 나는 가족들의 사랑을 듬뿍 받으며 자랐다. 행복한 나의 미래를 위해 사회생활도 큰 굴곡 없이 차근차근 성실히 했고, 20대 후반 결혼과 함께 시작한 낯선 타국 생활도 항상 나를 아껴주는 든든한 남편 덕에 별 어려움 없이 마냥 행복했다. 그래서 나는 아이가 아프거나 삶이 힘들고 지칠 때도 항상 감사한 마음으로 사랑하는 부모님과 언니 오빠에게 받은 사랑이 듬뿍 담긴 나만의 보물 항아리를 가슴에 품고 그들의 응원과 격려로 밝고 힘차게 이겨내고 행복해지려고 노력했다. 새로운 가족인 시어머니를 만나기 전까지는 말이다.

'말'이라는 것이 사람을 얼마나 아프게 할 수 있는지를 그때까지는 잘 알지 못했다.

장애가 있는 아이들을 위해 한국으로 돌아와 한동안 시댁에서 생활할 때의 일이다. 나의 또 다른 가족, 시어머니. 그 송곳 같은 말들. "우리 집에 이런 장애인은 없다."시며 아이의 장애가 마치 내 책임인 양 냉정히 선을 그으셨다. 뿐만 아니라 아이들의 장애를 받아들이는 과정에서 세상에 대한 분노와 원망과 내 안의 성난 상처들로 기도조차 할 수 없었던 나에게 "네가 기도하지 않아 아이들이 나아지지 않는 거다."라고 또 내 탓을 하셨다.

외할머니가 돌아가신 그날, 아직 어린 6살, 2살 아이들을 장례식장에 데리고 갈 수가 없어서 어머님께 반나절만 봐 달라고 부탁드렸더니, 이미 약속한 모임이 있으시다고 "갑자기 나 보고 어쩌란 말이냐?"라며 거부하셨다. 그 말씀이 너무 섭섭해서 눈물이 핑 돌고 오랜 시간 참 많이 아팠지만, 그 시절의 나는 하루하루 장애가 있는 두 아이와 씨름하느라 내 아픔 따위는 돌볼 여유가 없었다.

그렇게 내 안의 아픔과 설움을 꽁꽁 싸매고 매일매일을 버티듯 살아낸 그 시간 동안, 어머니 역시 나에게 불편하고 서운한 일이 꽤 많았을 거라는 걸 잘 알았지만 나는 그냥 외면했다.

그렇게 20년이 지났고, 이제는 그래도 그 시절의 어머니를 조금 이해할 수 있는 마음의 여유가 생긴 거 같다. 사랑하는 내 아이가 장애가 있다는 것은 하늘이 무너지는 일이다. 젊은 엄마인 나도 믿을 수 없고 받아들이기 힘들었는데, 어쩌면 노인이신 어머니는 손주들의 장애가 더 당황스럽고 받아들이기 힘드셨을 수도, 그래서 더 외면하고 싶었을 수도 있겠다는 생각이 든다.

그 짧지 않은 시간 동안 어머니도 많이 변하셔서 이젠 아이들 일이라면 앞장서 도와주신다. 내가 바쁠 때는 당신이 먼저 "내가 애들 봐줄게. 편하게 일 보고 오너라."라고 하신다. 사랑한다고 말해주시고, 안아 주시고, 같이 수다도 떠는 시어머니, 아니 '시엄마'가 되어 주신다. 참 감사한 일이다. 내가 가끔 짓궂게 예전 일을 꺼낼라치면, 어머니는 "에이, 설마… 내가 그 랬겠어…."라며 기억이 안 난다고 말끝을 흐리시는데, 그 모습이 조금 귀여우시다. 이제는 진정한 내 가족이 된 시어머니, 항상 옆에서 나를 지지해 주시고 힘이 되어 주시는 감사한 어머니와 오래오래 행복하고 싶다.

네 손을 놓지 않을게

3부
더불어 함께 살아갑니다

선생님들이 지켜본 아이 이야기

선생님들이 지켜본 아이 이야기

발달장애인 오케스트라 선생님

• • •

'사랑의 오케스트라'는 발달장애인으로만 구성된 오케스트라이다. 하나의 오케스트라는 그 안에서 몇 개의 파트로 나뉘는데, 나는 그중 한 파트를 맡고 있다. 주변에서 힘들지 않냐고 물어보기도 하는데, 물론 어려운 점들도 있지만 꼭 장애인이어서 더 힘들다기보다 장애 비장애를 떠난 일의 특성상 고유의 힘듦인 거 같다.

내가 이 일을 하게 된 것은 정말 우연한 계기였다. 어느 날 교회 공지사항에 사랑의 오케스트라 파트 선생님을 구한다는 광고를 보게 되었다. 딱 한 줄 있었던 광고가 계속 마음 쓰였고, 그 광고가 몇 주 동안 사라지지 않는 걸 보다가 용기를 내 지원하게 되었다. 어떻게 보면 거의 아무것도 모르고 의욕만 앞서 시작한 일이다.

처음에는 뭐부터 해야 할지 몰랐다. 고민하고 있던 차에 한 아이가 눈에 들어왔고, 이 아이 한 명이라도 변화가 있었으면 좋겠다는 생각으로 활을 뒤에서 잡아주면서 바이올린 연습을 시켰다. 그렇게 연습을 하던 한 아이가 갑자기 벌떡 일어나는 바람에 내가 뒤로 넘어졌던 적이 있는데, 그때 '아, 이런 점이 좀 다르구나.'라는 생각이 들었다. 그래서 다음부터 아이들을 더욱 세심히 살피고 대비하기 시작했다.

이렇게 가끔 놀라게도 하지만 우리 아이들은 정말 사랑스럽다. 아주 오랜만에 봐도 안부를 꼭 물어봐 주고 사정이 있어서 연습을 한 주 빠지면 꼭 다음 연습 때 나를 보고 "선생님 아팠어요?" 하고 걱정해 준다. 가끔 아팠어요. 대신 "선생님 아기 낳았어요?" 같은 엉뚱한 질문으로 당황하게도 하지만 그 모습조차 너무 사랑스럽다. 연습 중에도 의사소통이 잘 안될 때는 사회복지사 선생님이나 어머님들이 가르쳐 주신 방법으로 해보는데 아이들이 갑자기 '슉' 바뀔 때가 있다. 내가 더 "예쁘게 예쁘게~"라며, 곡의 느낌대로 표정을 바꾸면, 내 표정을 다 관찰하고 말에 귀 기울이며 고치려고 노력하는 모습이 참 예쁘고 사랑스럽다. 그럴 때 나는 악보를 보고 혼자 씩 웃는다.

유난히 지친 어느 날, 귀갓길에 혼자 운전을 하다가 문득 감정과 의사 표현이 서툰 아이들 입장에서는 선생님이 자기가 하는 말을 잘 이해하지 못하니 답답하기도 화가 나기도 하겠다는 생각이 들었다. 생각해 보면 비장애인들도 서로의 생각이나 입장, 생활 방식이 다른 것처럼 발달장애인들도 크게 다르지 않은 것 같다. 아이들이 보이는 행동을 무조건 장애인이라는 틀에서 보는 것보다 다름을 인정하고 조금 더 살피고, 이해하며 그렇게 나는 동등한 입장에서 어려워하는 부분을 도와주며 친구로써 함께 하고 싶다.

네 손을 놓지 않을게

치료현장에서 경험하는 여러 가지 생각

언어치료사 한윤영

• • •

언어치료사라는 직업은 분야가 다양하기 때문에 어디에서 근무하는지에 따라 하는 일이 다르다. 예를 들어 복지관이나 일반 사설 치료실에 있는 선생님들은 대부분 아동들을 많이 만나고 그 외에도 이비인후과, 신경외과, 재활의학과나 신경과 등등 굉장히 다양한 곳에서 근무하고 있다. 기본적으로 언어치료는 의사소통에 어려움을 가진 사람들을 중재하는 역할을 한다. 언어치료 자체가 의사소통에 문제가 있는 사람들을 위한 치료이기 때문이다. 아동의 언어발달에 문제가 있어서 의사소통하기 힘들거나 어려움을 겪을 때 거기에 대해 중재를 하는데, 그러다 보면 언어발달 자체에 문제가 있을 수가 있다. 이런 경우를 언어발달 장애라고 하는데, 이렇게 보통 우리가 말하는 장애의 범주에 포함되지 않는 아이들도 많다.

발달장애 아이들 같은 경우에는 사회성이 현저하게 떨어지는 경우가 많다. 그래서 나는 단순히 언어적, 인지적으로 채워주기보다는 어떻게든 사회성 상호작용을 끌어내면서 의사소통을 할 수 있게끔 도와주는 방향으로 언어치료를 진행하고 있다. 치료사마다 방법이 다르긴 한데, 나는 기본적으로 언어치료를 할 때 상호작용을 촉진하기 위해서 계속 스킨십을 시도한다. 눈을 맞추고, 안아주고, 이런 것부터 시작한다. 가끔 그조차도 잘 안되는, 사람이 태어나서 당연하게 한다고 생각하는 과정들이 안 되는 경우도 꽤 많다. 그럼 그것부터 할 수 있게 도와주는 역할을 한다.

언어치료를 하다 보면 심리적으로 좀 소진되는 느낌이 있다. 사람을 대하는 일이니 마음의 상처를 받기도 하고, 내가 어찌할 수 없는 어려운 상황들도 발생한다. 부모님을 설득하고 끌어가는 과정에서 부모님마다 성향이나 의견들이 다르다 보니 잘 받아들이시는 부모님, 그러지 못하시는 부모님 등 다양한 일들을 겪는다. 기본적으로 치료사가 진단하고, 치료 프로그램 계획을 세우는데, 간혹 어머님 중 "이런 부분에 중점을 둬 주세요."라고 하시는 분들이 있어서 그런 부분들은 참고하기도 한다. 어머님의 철학과 내 철학이 맞지 않으면 부모님을 설득하며 진행하거나, 노력했는데도 이견이 좁혀지지 않으면 다른 기관을 소개해 드리기도 한다. 가끔은 부모님의 범위를 넘어 할머니 할아버지 등 다른 가족들까지 개입하셔서 상황 자체가 복잡해지기도 한다. 이런 식의 여러 가지 딜레마에 빠지기도 하는데, 이해는 하지만 아이를 생각하면 참 안타깝다.

아이들은 부모님이나 주변인들의 태도에 생각보다 많은 심리적 영향을 받는데 이는 곧 치료에도 영향을 미친다. 특별히 기억나는 아이가 있다. 5살 때 처음 만났는데 발달장애는 아니었는데도 그때까지 말하지 못했다. 몇 년 동안 치료를 하면서 처음에는 '이게 무슨 상황이지?'라는 생각이 들 정

네 손을 놓지 않을게

도로 심각한 상태였는데, 치료를 받고 초등학교에서 잘 적응하기 시작하면서 종결한 사례이다.

그 아이가 오래 기억에 남는 이유는 부모님의 태도 때문이기도 하다. 부모님께서 조급해하지 않았고, 치료사인 나를 믿고 아이를 있는 그대로 인정을 해주려고 하셨다. 그래서 아이도 나도 더 잘할 수 있었던 거 같다. 부모님들과 상담하다 보면 맞벌이인 경우 엄마가 일을 그만두시는 경우가 대부분인데 주변 가족들조차 그 엄마의 희생을 당연한 듯이 받아들이는 분위기가 있다. 그런 점들이 참 안타깝고 속상하다. 더 안타까운 건 그동안 언어치료를 하면서 만나온 어머님들을 봤을 때 아이들 때문에 자신의 건강이나 심리상태를 전혀 돌보지 않는다는 점이다. 특히 발달장애의 경우 1, 2년에 끝날 문제가 아니고, 마라톤같이 아주 긴 시간 아이를 돌보셔야 하는데 아이가 어린 시절부터 너무 많은 에너지를 소진하시면 결국 중도에 포기하는 경우가 생길 수도 있다는 말씀을 드리고 싶다.

엄마가 건강하지 않으면 아이도 건강할 수 없고, 엄마가 행복하지 않으면 아이도 행복할 수 없다. 주변 분들이 많이 협조해 주셔서 발달장애를 키우시는 엄마들이 좀 더 안정적으로 아이들을 돌볼 수 있게 해 주셨으면 하는 바람이다.

당신과 함께, 위드스탠드(With + Stand)

정신의학과 서동수

•••

정신건강의학과 의사로 일한 지도 30년이 다 되어 가는데, 소아정신건강의학과 의사로서 발달장애 진단을 내릴 때는 부모님들의 마음이 어떨지 나도 함께 가슴이 아플 때가 많다. 내가 처음으로 아동의 진단을 내리며 부모님들이 어느 정도의 변화를 겪게 될지에 대해 설명할 때 나는 간혹 "이전에 가족에 대해 계획했었던 것 대신에 완전히 새로운 것을 준비해야 하는 것.", "이전의 자아는 없어지고 새로운 자아를 만들어야 하는 것."이라고 표현한다.

발달장애에 대해 먼저 말씀드리면, 발달장애인 권리보장 및 지원에 관한 법률상으로는 크게 자폐스펙트럼장애(또는 자폐성장애)와 지적장애 두 가지를 칭한다. 다만 나는 정신건강의학과 의사니까 정신건강의학과의 진단 체계로 볼 때 뇌신경발달(neurodevelopment)과 관련 있는 장애를 넓은 범위에서는 발달장애라고 본다. 자폐스펙트럼장애나 지적장애뿐만 아니라 언어발달의 문제, 운동 발달과 관련한 협응의 문제, 또 집중력 발달에

네 손을 놓지 않을게

어려움이 있는 아이들도 포함될 수 있을거라 생각한다. 조현병이나 양극성 장애 같은 정신장애와 혼동하시는 분들도 많은데, 발병 시기나 행동 특성들이 발달장애와 구분된다.

간략하게 말씀드리기 어렵지만, 아이를 키우는 입장에서 어떤 경우에 발달장애를 의심해 볼 수 있는지 몇 가지를 제시해 드릴까 한다. 만으로 두 돌이 되었음에도 불구하고 말할 수 있는 단어가 별로 없거나 적절하게 사용하지 못하는 경우, 돌이 될 때까지 눈 맞춤, 호명 반응, 보여주기(showing) 등의 비언어적 사회적 상호작용 발달 반응들이 보이지 않는 경우이다.

타인과 공유하고 소통하는 수단이 잘 발달되지 않고 있다는 것을 의미하기 때문이다. 이러한 증상들로 발달장애 진단을 받게 되었을 때의 치료 방향은 - 사실 아이들의 특성에 맞게 맞춤형의 치료를 계획해야 하므로 특정 매뉴얼을 제시하기가 어렵지만 - 일반적으로 자폐스펙트럼장애의 경우 만 3세 이전에 조기진단이 되면 주 20시간 이상의 집중 치료를 받으시기를 권고해 드린다.

집중치료 시간에는 사회성 발달, 인지발달, 언어발달, 자조 등을 다룰 수 있는 치료가 이루어지면 좋고, 특히 응용 행동 분석(ABA)에 기초한 조기 집중 행동치료는 효과가 입증된 근거 기반 치료이기 때문에 많이 권고드리고 있다. 한편, 이러한 치료와 더불어 내가 많이 시행하고 있는 치료는 약물치료이다.

사실 아직까지 발달 자체를 증진시키는 약은 없다. 내가 처방하는 약물은 발달장애에 동반된 여러 문제를 다루기 위한 약물들이다. 공격 행동, 과잉행동, 충동적 행동, 수면의 어려움 등 발달 어려움과 동반되어있는 증상들을 약물치료로 도와주면 좀 더 치료 교육에 집중할 수 있고, 치료나 교육뿐만 아니라, 아동이나 가족의 삶의 질이 높아지기도 한다. 그렇다고 약물 사용을 평생 해야 하는 것은 아니다. 발달장애에 따른 어려움들은 생애주기에 따라서 약화될 수도 있고, 약물치료로 좋아질 수도 있는 부분이라 동반된 문제가 어떤 양상을 보이는지에 따라 판단이 필요하다. 그래서 약물치료를 할 때는 주치의 선생님하고 지속적인 만남과 신뢰 관계가 필요하다. 주치의 선생님들도 약물을 평생 처방해야 한다고 생각하지는 않고, 아이의 상태에 따라서 얼마든지 치료 계획은 달라질 수 있다. 언제까지 약물치료를 해야 하는지, 선생님의 계획은 어떤지, 아이의 상태에 따라서 약물을 어떻게 사용할 것인지 함께 계획을 세우면서 진행하는 것이 좋을 것 같다.

그리고 발달장애와 관련해서 당사자 부모들이 갖는 몇 가지 오해들이 있다.

첫 번째는 '발달장애인에게 조현병이 생길 가능성이 높다.', 두 번째는 '노화 속도가 빠르다.', 세 번째는 '수명이 짧다.'는 것인데, 세 가지 질문 모두 확실하게 밝혀진 것은 없다. 다만 고기능의 자폐스펙트럼장애나 지적장애인의 경우 우울증이나 불안장애가 동반될 수 있어서 정신건강의학과에서 잘 살펴보고 도와주는 것이 필요하다. 두 번째, 노화의 경우 다운증후군이나 관련 유전질환은 노화 과정이 다르긴 하지만, 우리나라에서는 아직 연구하기에 충분한 만큼 발달장애의 역사가 오래되지 않았다고 한다. 세 번째, 수명의 경우, 수명을 단축하는 가장 큰 원인이 자연사가 아닌, 사고사라는 것이 미국에서 보고된 경우는 있다.

노화나 수명 문제와 관련해서는 꼭 특정 질환과 관련되어있지 않아도 발달장애인이 의료시설에 접근하는 것 자체가 상당히 어려운 것도 한몫하는 것 같다. 운동의 부족, 식이 관리 어려움, 약물치료 등으로 인해 비만이나 성인병에 노출될 가능성도 높다. 그래도 최근 장애인의 건강권에 대한 이슈들이 떠오르고, 장애인 주치의 제도와 같이 제도적 측면에서는 조금씩 보충되고 있다.

제도 쪽에서 여러모로 보완되고 있다고는 하지만 아직 예산이 이를 뒷받침하지 못해 인프라 측면에서 부족한 부분이 많은 것 같다. 치료비와 교육비 부담만 해도 한 달에 적게는 100만 원, 많게는 300~500만 원 정도의 치료 교육비가 발생하는데 우리나라는 모두 양육자가 부담하는 상황이다. 사실 발달장애인은 부모의 잘못으로 태어난 것이 아닌데, 어떻게 보면 우리 모두를 대신에서 부모님들이 부족한 인프라 속에서 스스로 체계를 만들어가야 하는 큰 무게를 견디고 계신다는 생각이 든다.

아이가 태어나서 그려왔던 가족의 모습과 어머니 아버지의 역할이 있을 텐데, 발달장애 진단을 받는 것은 그동안의 생각과 전혀 다른 것을 준비해야 하는 과정이다. 이런 상황과 감정을 어떤 분들은 "새로운 장면을 준비해야 한다." 또는 "새로운 셀프(자신, 자아)를 만들어야 한다."라고 표현하기도 하는데, 그 부분이 어떻게 보면 외상과 같은 충격일 거라는 생각이 든다. 대개 처음에는 부정하시거나, 분노하시거나, 다른 선생님을 찾아가시는 등 외상적인 경험을 했을 때의 심리적인 반응들을 겪기 때문이다. 그런 과정을 의사로서 지켜보며 드는 고민은 그 속에 내가 얼마나 함께 하고 있는지에 대한 것들이다.

그런 어려운 변화를 받아들여야 하는 중요한 시기에 그 과정들을 하나하나 같이 따라가면서 충분히 준비시키고 설명해 드리고 계획에 대해서도 말씀드리고 싶은데, 진료 시간이 짧아서 안타깝다. 보통 30분, 최대 1시간인 진료 시간 내에 아이의 치료, 교육 등 그 많은 것들을 다 얘기하기는 어렵다. 그리고 아이에게 맞춤형의 치료 교육을 수립하고 그 방향대로 치료기관을 잘 연계하여 찾아드려야 하는데 그런 부분들도 아쉽다. 치료를 권고드렸을 때 치료를 제대로 받을 수 있는 곳이 부족하기 때문이다. 그래서 부모님 혼자서 찾아다녀야 하는 체계가 너무 안타깝다. 내가 이런데 부모님들은 얼마나 힘드실까? 생각하면 더 속상하다.

전반적인 사회적 인식 측면에서도 발달장애는 익숙하지 않은 개념인 것 같다. 아이가 고등학생인데, 다니는 학교에 특수학급이 없다고 하셔서 안타까웠던 기억이 있는데. 서울에 일반 학교 중 특수학급이 있는 학교가 20퍼센트가 안 되고, 특히 사립은 거의 전무하다고 한다. 그런 부분들에 있어 발달장애인을 바라보는 인식에 변화가 생겼으면 좋겠고 우리 사회를 좀 더 풍성하게 해줄 수 있고 가치를 높일 수 있다는 시각으로 바라봐줬으면 좋겠다는 생각이 든다.

마지막으로, 나는 '위드스탠드(Withstand)'라는 용어를 좋아한다. 위드스탠드가 '잘 견디다, 이겨내다.'인데 무언가를 이겨내는 과정은 같이, 함께, 그 길을 걸어가는 것이라고 생각한다. 나는 정신건강의학과 의사로서, 그리고 한 명의 사회구성원으로서 발달장애인 당사자는 물론, 그 가정과 함께 어떻게 하면 조금 더 '위드(with) + 스탠드(stand)'할 수 있을까에 대한 고민을 많이 한다. 그리고 사실 발달장애인이든 아니든 우리는 이 세상을 살아가면서 누군가와 함께 그리고 같이 걸어가고, 또 살아가고 있다. 우리가 같이 걸어가고 있는 사람들 속에 발달장애인도 함께였으면 좋겠다는 너무나 당연한 바람을 가져본다.

장애통합 어린이집 교사의 소확행

어린이집 교사 이상미

• • •

장애라는 것이 정확히 명시되지 않았을 때, 그저 하나의 특성으로 여겨진 때가 있었다. 하지만 현재는 장애의 명칭, 그 의미가 명확해지면서 사람들에게는 불쌍하고 소외된, 도움이 필요한 사람들이라는 고정 관념이 있다. 나는 수많은 장애 통합 어린이집 중 한 곳에서 근무하는 평범한 교사이다. 누구에게나 그렇듯 나에게도 조금 느리지만 순수하게 다가왔던 아이들과의 첫 만남이 있었다. 비장애 아이들과는 또 다른 순수함이 미소 짓게 했고, 보이지 않는 내면까지 궁금해져 더 많은 놀이와 상호작용을 시도했었다. 선배 교사들은 "첫 담임으로 맡게 된 아이들은 내 첫 자식과도 같게 느껴지지만, 그 이후에 만나는 아이들과 함께하며 점차 마음이 지금과 같지 않을 수 있다."라고 말했었다.

그 말처럼 시간이 지날수록 어린이집에서의 근무는 생각만큼 쉬운 일은 아니었는데 때로 나의 미숙함을 느낄때도 있었고 몸과 마음이 힘든 순간도 있었다. 하지만 아이들과의 하루하루는 밝고 따뜻해서 오히려 선생님인 내가 사랑을 가득 받아 행복함을 느낄 수 있었다. 아이들에게 느낀 사랑은 '선생님으로서 내가 받은 사랑을 통해 더욱 노력해야겠다. 내가 해줄 수 있는 일은 무엇일까?'라는 생각으로 가득 차게 했다.

그러다 교사로서 부족함을 느끼고, 아이들 돌보는 일에 너무 익숙해서 권태로움을 느끼던 시기에 2세 장애 통합반을 맡게 되었다. 그 반에서 나는 소아기 자폐증, 다운증후군, 백질연화증을 지녀서 언어 및 전체적인 발달이 또래보다 느린 세 명의 아이를 만나게 되었다. 아이들 개인의 기질과 성향, 보유한 특성은 모두 달랐고, 놀이 중심의 교육과정에서도 개별화 교육을 수립하고 성취하기까지 비장애 유아기의 아이들보다 더 많은 애정과 믿음의 시간이 필요하였다.

처음으로 어린이집 생활을 시작한 아이들에게는 새로운 환경과 교사라는 존재는 너무 낯설고, 모든 것이 새롭고 예민한 자극이다. 이 아이들이 어린이집이라는 '작은 사회'에서 예쁜 미소를 보여주고 아이들이 주체인 능동적인 삶을 영위하기까지는 정말 큰 노력이 필요하였다. 늘 아이들의 시선에서 바라보고, 똑같은 언어와 행동을 모방해 보고, 좋아하는 놀이부터 싫어하는 것까지 하나하나를 관찰하고 기다려주었다. 너무나도 작은 아이들에게 어린이집 안에서 편하게 기대고, 마음이 통하는 존재가 될 수 있기를 바라며 '천천히, 하나씩 함께 해보자.'라는 마음으로 작은 것부터 시작하였다.

다른 아이들보다 느리고 더 많은 시간이 필요한 아이들이기에 조금이라도 많은 자극과 상호작용이 필요하였고, 나는 더 바쁘게 움직였다. 그렇게 바

쓰게 하루하루 지내다보니 어느새 아이들은 눈 맞춤, 미소, 안아주기, 토닥여주기, 기대기 등 애정표현을 해주었고, 자신이 할 수 있는 것들을 보여주고 또래 친구들과 어울려 가며 어엿한 작은 사회의 구성원이 되어가고 있었다. 하지만 아이들이 어울리는 과정에서 작은 편견과 오해로 갈등이 생기며 속상해서 눈물짓게 만드는 일들이 자주 일어났다. 아이는 자신을 표현하는 말과 행동이 아직 서툴기에 누군가를 불편하게 할 때도 있었는데 아마도 이해받지 못해서 답답함을 느끼는 듯 했다.

부모님들께서는 "어린이집에서의 경험과 선생님과의 만남 덕분에 아이들이 자랐어요."라고 말씀하시지만 지난 1년간, 아니 지금까지도 다른 아이들보다 힘들고 제한된 상황 속에서 단호한 어투를 많이 들었을 아이들에게 미안한 마음이 든다.

교사로서 때로 엄격한 모습에 아이들은 불안하고 긴장했을 것이다. 누군가에게는 자연스러운 발달 과정을 아이들은 느리지만 오롯이 자신의 힘으로 힘겹게 익히고 배워나가며 성장했다. 아이들과의 모든 이야기를 담을 수 없지만 새로운 세상에 문을 열고 적응하는 것, 그 과정에 마음을 열고 지금까지도 밝은 모습으로 어린이집에 웃으면서 와주는 아이들에게 너무도 감사하다. 세상에 당연한 것은 아무것도 없다는 것을 아이들뿐만 아니라 주변의 가족, 지인들을 만나며 더 깊이 이해하게 되었다.

글을 쓰며 '장애'라는 표현을 최대한 쓰지 않으려고 노력하였다. '장애'라는 말을 세상에서 아예 지울 수는 없지만, 그 시선을 조금만 거둔다면 아이들에게 조금은 더 평범한 하루가 되지 않을까? 어린이집에서의 인연을 통해 만난 아이들과의 이야기가 나에게 그랬듯이 글을 읽게 될 많은 분에게도 '반짝 빛나는 마음'을 느끼는 순간이 되길 바란다. '어릴 적에도 지금 이 순간에도 누구보다 소중하고 따뜻한 행복을 전달해 주는 존재였음을 기억하기를….'

미술치료사 윤순선

...

미술치료란 미술창작 활동을 수단으로 하는 심리치료의 한 유형이다. 미술치료가 발달 장애의 정신적 손상을 직접 치료해주는 것은 아니지만, 미술 활동이 갖는 여러 가지 특성인 유희성, 창의성, 상징성, 즉흥성 등을 적절히 활용하여 아동의 심리 및 신체적 발달을 도울 수 있다. 미술 활동 과정은 아동들에게 내면에 잠재해 있는 부정적인 감정을 해소하고, 심리적인 안정과 즐거움을 느낄 수 있도록 돕는다. 아동들은 미술 활동을 통해 자기 표현력을 향상하고, 창작 결과물을 통해 성취감과 자존감을 느끼게 된다. 그리고 이는 아동의 문제 행동의 개선에 긍정적인 영향을 미친다.

미술치료는 미술 활동을 통해 정서, 인지, 미술 등의 발달 정도를 종합적으로 평가하고, 내담자 개인의 손상 원인을 분석하여 손상되거나 지체된 부분을 회복하는 것을 목표로 한다. 치료사는 내담자의 손상 원인에 따라 개별적인 치료 계획과 프로그램을 짜고, 손상된 영역에 자극을 주거나 보완해 줌으로써 내담자가 스스로 긍정적인 발달을 경험하도록 이끌어 준다. 즉, 미술치료사는 발달장애 아동의 인지적인 발달을 돕고, 문제를 세상 밖으로 끌어내어 세상과 연결해 주는 다리와 같은 역할을 하는 것이다.

나는 지난 17년간 미술치료사로서 발달장애 아동들과 함께 다양하고 지속적인 미술 활동을 통해 그들에게 나타나는 많은 변화를 경험할 수 있었다. 처음에는 미술 도구는커녕 연필조차도 손에 쥐지 않으려고 떼를 쓰고 울던 아이가 가는 붓에서부터 단계적으로 여러 미술 도구들을 경험하면서 굵은 붓으로 도화지 위에서 춤추듯 힘차게 붓 놀림을 하는 단계로 발전하기도 한다. 시각과 손의 협응 능력이 좋아지는 것은 물론이고, 붓의 움직임과 도화지 위에 나타나는 다양한 형태들을 느끼고 즐기게 된다. 손에 작은 이물질만 묻어도 온통 신경이 그쪽으로 쏠려서 아무것도 할 수 없었던 아동이 찰흙덩이를 두드리고 주무르게 되고, 창의적인 활동을 즐기며 행복해하는 모습을 보인다. 언어 표현이 자유롭지 못하나 글을 쓸 수 있어 결과물을 보고 수줍은 미소로 이름을 붙이기도 하고, 자신이 그린 그림에 제목을 붙여 자기의 내면의 세계를 보여주기도 한다.

이러한 활동을 통해 직접적 또는 간접적으로 즐겁게 대화를 나눌 수도 있었다. 나는 붓 놀림과 그림 및 다양한 작품 속에서 그들의 생각을 읽고 소리를 들을 수 있었으며, 호흡의 강약을 느끼고 어둠과 밝음의 모습을 함께 볼 수 있었다.

미술치료사는 만약 어느 내담자가 "나는 불타는 집을 그릴 거야."라고 말하면, "왜?"라고 묻지 않고, 그 내담자가 회화적으로 불꽃이 훨훨 타는 것처럼 그릴 수 있도록 소통의 다리와 감정의 동반자가 되어 도와주어야 한다. 미술치료사로서 나는 미술, 그림이라는 매개체를 통해 느리지만 조금씩 변화되는 아이들의 모습을 볼 수 있어서 감사한 마음이다.

나도 매일 우.영.우.를 만난다

요가 강사 최아롱

...

천재적인 기억력을 가진 자폐스펙트럼장애인 〈이상한 변호사 우.영.우.〉
라는 TV 드라마가 있었다. 신체적인 접촉을 싫어하는 영우인지라 아버지
는 딸을 안지도 못한다. 아버지가 잘 다녀오라고 인사를 하려는데, 뒤도
돌아보지 않고 어느새 자기 갈 길을 가버리는 '우영우'. 그런 딸의 뒷모습
을 바라보는 아버지의 시선. 아버지는 혼자 말했다. "아빠가 영우를 키우
며, 외로울 때가 많았다."라고. 우영우 아빠의 그 독백이, 그 TV 드라마에
서 나에겐 가장 강렬하게 다가왔던 대사였다. 자폐스펙트럼장애인을 키우
는 부모의 절절한 심정처럼 느껴졌다.

나도 매일 우.영.우를 만난다. 2009년 서초구 보건소로부터 의뢰받아 아
치 요가 수업을 통해서 성인 발달장애인들과 만난 지 15년째로 접어들었
다. 오래 만났음에도 불구하고, 요가 수업이 끝날 때, 뒤도 돌아보지 않
고 떠나는 친구들도 있다. 그럴 때마다 우영우 아버지의 심정을 이해하
게 된다.

동시에 그 외로움 속에서도 자녀들을 이만큼 키워온 부모들의 노력을 생각하지 않을 수 없다. 나는 1주일에 1시간 만나면 되는 것이니, 1시간만큼은 정성을 다해보자. 변화가 일어나야 희망을 가질 것 아닌가. 내가 할 수 있는 것은 그것이다. 아치 요가를 시작하고 마무리할 때면, 숨을 한번 크게 내쉬고, 두 손을 모은다. 그리고 이렇게 말한다. "지금 이 순간 자신이 가장 원하는 자기 모습을 떠올립니다. 할 수 없다 생각하지 말고, 못한다 생각하지 말고, 어쩔 수 없다 생각하지 말고, 지금 이 순간 자신이 가장 원하는 자기 모습을 떠올립니다."

소리를 내고, 고개를 흔들고, 껑충껑충 뛰며 상동행동을 하던 친구들까지 일순간 고요해진다. 모두 자신에게 집중하는 진지함을 보여준다. 내겐 놀라운 순간이다. 말로 표현을 못하지만 친구들이 보여주는 그 진지함의 밀도 때문에 내 마음도 움직인다. 감.동(感.動.)한다. 한 명 한 명이 내게는 보석처럼 다가온다. 밤하늘 은하수를 이루는 반짝이는 별처럼 다가온다. 한 명 한 명이 우.영.우.다. 각자의 내면에 잠자고 있는 가능성을 끌어내고 싶다는 동기가 생기는 것은 내겐 지극히 자연스러운 과정이다. 이 친구들에게 내가 해줄 수 있는 것이 무엇일까? 내가 잘할 수 있는 것이 무엇일까?

요가 수업 중에 말을 하지 않는 경우도 있지만, 느닷없이 엉뚱한 질문을 하기도 하고, 혼잣말을 하기도 한다. "조용히 해! 그러면 안 된다고 내가 말했지? 선생님 보고 따라 해야 해." 우리 친구들이 자라면서 항상 들었을 말이다. 그래서 그런 표현은 하지 않는다. 그 대신, 친구들이 말하는 내용에 모두 응답해 준다. 무슨 말을 하고 있는지, 무슨 단어를 사용하고 있는지는, 우리 친구들이 가진 가능성과 관심거리를 파악할 수 있는 중요한 단서들이기 때문이다.

그 말과 행동에서 요가 동작으로 이어가기도 한다. 자기 말과 의견이 거부되지 않고 존중받고 수용되었다는 데에서 기쁨을 느낀다. 그러면 더 표현하고 싶어진다. 그래, 나는 우리 우.영.우.들에게 경청을 잘하는 것 같다. 갑자기 숫자세기, 노래에 맞춰 동작할 때, "원, 투, 쓰리..."라고 영어로 말하는 친구가 있기도 하고, "잇치, 니, 상..."으로 일본어로 말하기도 한다. "그래, 큰 소리로 마음껏 표현해!" 다른 언어이지만, 자신이 표현하고 싶은 언어로 동시에 말해도 된다. 외국어 능력을 향상 시키려는 게 아니다. 상황에 따라 떠오르는 표현이 있다면, 그것이 어떤 언어이든 마음껏 표현하게 한다. 자꾸 표현해야 뭘 할 수 있을지 발견할 수 있기 때문이다. 침묵하던 친구들이 소리높여 "생큐!", "아임쏘리", "노 프러블럼" 외친다. 표정들도 밝아진다. 이 시간엔 거부당하지 않는다는 그 확신이 생기자, 점점 더 자신을 표현하기 시작한다. 자신의 관심사들도 이야기한다.

그래서 장애 정도와 무관하게, 나는 모든 이들이 우.영.우라고 본다. 누구도 다른 이의 마음을 억지로 열 수는 없다. 자신의 판단하에 마음의 문을 열기까지는. 우리는 온 마음으로 기다려줘야 한다. 그래야 마음의 문을 열고 자기 잠재력을 펼쳐갈 수 있다. '그래, 나는 우리 우.영.우 들이 마음의 문을 열 때까지 잘 기다려줄 수 있어.' 그래서 나는 소리높여 외칠 아치 요가 구령을 하나 더 추가했다. "Yes, Yes, Yes, I can!"

발달장애인 취업 이렇게 준비하세요

한국장애인고용공단 경기북부지사장 이효성

• • •

장애인 고용 현장에서 발달장애인이 취업하여 직업 생활을 하는 것은 그리 낯선 일이 아니다. 통계를 통해 그 현주소를 알아보고 발달장애인들이 취업할 수 있는 직업군과 미래에 대해 설명하고자 한다.

통계(2022)에 따르면 발달장애인 취업자가 주로 수행하는 업무 종류는 제조(조립, 포장, 운반, 수리)가 36.7%(추정 수 23,144명)로 가장 많다. 다음으로는 청소 세탁(실내·외 청소, 세차, 세탁) 20.3%(추정 수 12,825명)이며, 서비스(배송, 주유, 미용, 판매, 진열, 서빙, 돌봄) 등이 13.4%(8,448명)있고, 이어 음식(바리스타, 제빵, 재료 준비, 설거지) 업무에 종사하는 발달장애인도 10.3%(6,607명)으로 나타나고 있다. 다음으로 많이 종사하는 직업은 농림어업(채소 화초 재배, 모종 심기, 버섯 재배, 물고기 잡기 등) 직무로 7.4%(4,662명 추정)로 나타나고 있고, 사무(사무지원, 사서, 우체국 등) 업무가 6.6%(4,185명 추정), 마지막으로 예술 스포츠 직무(음악, 미술, 스포츠 등)이 2,7%(1,772명)로 나타나고 있다.

발달장애인 중 지적장애인은 청소·세탁(20.7%), 서비스(13.5%), 농림어업(7.9%) 등의 비율이, 자폐성 장애인은 사무(13.4%), 예술 스포츠(9.5%)에 종사하는 비율이 상대적으로 높은 것으로 나타나고 있다. 위에서 본 바와 같이 발달장애인이 취업할 수 있는 직업군은 다양하며 미래 유망 직무로는 기존 직무에 더하여 IT 관련 직군, 미술(화가, 디자이너, 웹툰 작가, 조형예술 등), 음악(성악, 기악, 전문 연주자, 밴드, 판소리, 뮤지컬 배우), 무용, 연극, 운동선수 체육 분야 등 문화예술 관련 직무 등이 예상된다.

제조업과 발달장애인의 작품을 입힌 아트 소화기, 아트 텀블러 등 제조업과 아트 분야 협업을 통한 것과 같이 위의 직무들을 적절히 믹스하여 새로운 부가가치를 창출할 수도 있다. 발달장애인 1명이 두 가지 이상 다양한 영역에서 직업적 재능을 나타내어 발달장애인 N 잡러가 생겨나기도 할 것으로 예상된다(예- 제조업 종사하면서 장애인 인식개선 강사 병행, 또는 아티스트 병행).

그동안 한국장애인고용공단에서는 발달장애인이 할 수 있는 직무를 꾸준히 개발하였으며 직무 매뉴얼 발간과 아울러 발달장애인을 위한 쉬운 글 직업정보 안내서《빵빵 꿈을 실은 JOB 버스》를 출간하여 당사자들에게 확대 보급하고 있다. 이러한 정보를 활용하여 미리 관심 있는 직업에 대해 탐색해 볼 수 있고, '발달장애인 훈련센터 직무 체험 프로그램'을 통해 직무를 체험하고 직업 흥미와 적성을 알아볼 수 있다.

다양한 직무들 중 자신의 적성과 능력에 맞는 직무가 무엇인지 알고 매칭

하는 일이 중요하므로 이를 위해 학령기에는 나의 직업 흥미와 직업적성에 대해 알아보는 일이 중요하다. 학령기 시절에 교육청과 공단이 연계하여 운영하는 '장애학생 진로직업프로그램'을 활용하여 직업 흥미검사, 직업 적성검사 등을 시행하고 그 결과를 참고하여 자기 이해를 객관적으로 할 수 있고, 직업 이해는 직업정보서, 부모 교육 등을 통하여 정보를 얻을 수 있다.

자녀의 직업 흥미와 부모의 기대가 일치하지 않을 때는 직업 진출에 많은 어려움을 겪기도 하는데, 직업 준비 기간이라고 할 수 있는 학령기에 다양한 직무 동향에 대해 함께 알아보고 준비된 상태에서 진로를 결정할 수 있다면 더 좋을 거 같다. 자녀의 직업적성을 관찰하실 때 자녀가 편안함과 직업적 흥미를 느끼는 분야가 사물 T(THINGS)인지, 데이터 D(DATA)인지, 사람 P(PEOPLE)인지, 예술 A(ART)인지 살펴보면 직업 선택 시에 많은 도움이 된다. 모든 가능성을 열어놓고 발달장애인의 자기 결정권을 존중한 상태에서 학교와 부모와 공단이 함께 진로 직업을 준비한다면 매우 좋을 거 같다.

다음은 취업 경로에 대해 알아보자. 통계(2022)에 따르면, 발달장애인 임금 근로자(추정 수 58,025명)에게 현재 직장(사업체)에 취업한 경로를 질문한 결과(추정 수 58,025명) 장애인복지관, 직업 재활시설, 단체, 협회 등의 소개 알선이 39.0%로 가장 많고, 이어 가족, 친구, 선후배, 일자리 동료 등 주변 지인의 소개 추천이 25.3%로 그 뒤를 잇고 있다. 학교 전공과 등의 소개, 추천 14.4%, 공공, 민간 취업 알선기관, 직업 훈련기관의

네 손을 놓지 않을게

소개, 알선이 14.1%, 직접 채용 관련 정보를 습득하여 지원하는 경우가 6.6%이다.

지적장애인은 장애인복지관 직업 재활시설 단체·협회의 소개 알선이 39.5%, 자폐성 장애인은 학교, 전공과 등의 소개가 20.7%로 나타난다. 한국장애인고용공단에서도 발달장애인의 취업을 돕고 있는데, 고용노동부 산하 공공기관이다 보니 학령기 장애인들에게 접근성 및 친숙성이 상대적으로 낮아 서비스 이용신청을 하지 않는 경우가 많은 것 같다. 공단의 서비스는 전액 국비 지원이고 '신청주의'이기 때문에 서비스 신청을 하지 않으면 서비스가 개시되지 않는다.

최근 발달장애인을 위한 다양한 고용서비스와 직업훈련 인프라가 확대되고 있으니 꼭 이용해 보시기 바란다. 공단 전국 22개의 지사에서는(서울, 경기는 각 4개로 총 8개 지사) 대표적인 국민취업지원시스템인 '취업 성공 패키지'를 비롯하여 '취업알선 지원 고용', '인턴제' 등을 통해 직업 진출을 돕고 있다. 전국 19개소(서울 경기는 각 2개) 발달장애인 훈련센터 등에서는 직업훈련을 통해 꾸준히 직무를 개발하고 취업으로 연계하고 있다.

또, 전국 5개의 직업능력개발원(기숙 훈련 가능), 7개의 맞춤 훈련센터(기업체 연계 훈련), 3개의 디지털 훈련센터(IT 전문 훈련) 등 국비로 운영되는 다양한 직업훈련 인프라를 이용하실 수 있다. 위의 직업훈련기관에 발달장애인 훈련생이 진출하지 않은 곳이 없다(본인의 능력 수준에 맞추어 이용 가능). 학령기 이후에도 발달장애인의 참여를 기다리는 다양한 이용기관이 있으며 학령기 이후 취업을 전문으로 담당하는 한국장애인고용공단의 고용서비스 및 직업훈련 인프라를 마음껏 이용하실 수 있다.

또, 각종 복지관이나 직업 재활시설, 특수교육기관과도 긴밀한 연계를 통해 전환지원사업, 지원고용사업 등을 통해 발달장애인의 직업 진출을 지원하고 있다. 15~64세를 경제활동인구라 하는데, 이 연령대를 중심으로 고용노동부 장애인 고용서비스는 구성이 되어있고 국민취업지원제도, 내일배움카드, 폴리텍대 직업훈련 등 다양한 취업 관련 인프라도 이용할 수 있다. 최근에는 근로 지원인, 활동 지원인 지원 등 인적 지원이 가능해지고 있으므로 이를 염두에 두고 본인의 상태에 맞추어 다양한 취업 지원기관을 통해 각자 최적의 경로로 취업 준비를 하면 된다.

다음은 취업 현장에서 어려운 점들에 대해 말씀드리겠다. 취업하기 위해서는 근로 의식이 매우 중요한데 일하고자 하는 동기부여가 되어있지 않으면 직장생활을 감당하기가 어렵다. 어린 시절부터 건강한 근로 의식과 일의 중요성, 일하는 것의 가치와 유용성을 염두에 두고 지도해주시고 아울러 신변처리와 대중교통 이용, 인사 잘하기, 청결 상태 등 직장 예절은 짧은 시간에 준비가 되지 않으므로 학령기부터 차분하게 준비하시는 것이 좋겠다.

기본적인 직장 예절이 준비되어 있지 않으면 고용유지가 어려운 경우가 많다. 또한 폭언, 폭행, 도벽, 과도한 이성에 대한 관심 등 다른 직장인에게 피해를 주는 경우로 취업 현장에서 어려움이 발생하기도 하니 가정과 학교에서 이러한 부분에 대한 인성교육 등 기초적 준비가 필요하다. 최근

네 소을 놓지 않을게

에는 사업체의 발달장애인에 대한 이해도와 지원 정도가 상당히 높아졌고, 직업 준비도에 따라 삼성, LG, 포스코 등 대기업, 정부 부처, 학교 내 일자리, 각종 공공기관, 장애인을 위한 표준사업장 등 의무고용 사업체의 발달장애인 구인 자원이 풍부하다. 그외 다양한 보호 고용제도를 활용하여 자기 능력에 맞는 직업 생활을 할 수 있다. 각자의 속도에 맞게 흥미와 적성에 맞게 미래를 준비한다면, 보다 행복한 직업생활이 가능하다. 희망을 가지고 가능성을 향한 도전을 멈추지 않길 바란다.

네 손을 놓지 않을게

4부
맘모아 엄마들이 응원합니다

후배 엄마에게
글로 쓰는 마음 이야기
Q & A

4부 - 맘모아 엄마들이 응원합니다

후배 엄마에게

그 끝에는 늘 새로운 시작이 있더라고요

...

"엄마 아프지 마." 엄마가 아플 때 영환이는 엄마에게 물을 떠다 주고 안 아주며 말했다. 외할머니가 엄마를 도와주러 오시면 고맙다고 꼭 안아드 린다. 엄마는 장애 아들을 낳기 전까지 세상에 이렇게 다양한 장애 유형이 있는지도 몰랐고 관심도 없고 무지했다. 하지만 장애 아이를 키우며 생각 도 많이 바뀌었고 이전에는 무관심하게 지나쳤던 것들을 다시 한번 돌아 보게 되었다. 아이로 인해 가족과 주변 사람들은 많이 달라졌다. 삶의 모 습은 다양하다. 모든 사람의 인생은 각양각색으로 빛나고 있다. 아이가 장 애가 있다고 마치 인생이 끝난 것처럼 말하는 엄마들이 간혹 있다. 하지만 분명한 건 그 끝에는 늘 새로운 시작이 있다는 것이다.

아이의 학교생활에 당당해지세요

...

아이의 장애를 처음에는 받아들이지 못했다. 그래서 조금 숨긴 적도 있고 확 드러내지 못한 부분들도 있었다. 학교에서 안 좋은 일을 당하고 와도 왜 그랬는지 제대로 밝히지도 못하고 '우리 애가 부족해서 그랬나 보다.'라고 생각하며 소극적으로 대처했다. 그런 엄마의 마음을 알고 아이도 '나는 어쩔 수 없구나.' 하고 포기하는 것 같았다. 지금은 그 점이 가장 후회된다.

학교에서 문제가 생기면 엄마가 중심이 돼서 아이를 적극 지지해주면 좋을 것 같다. 우리 아이가 부당한 대우를 받고 있다는 생각이 들 때는 선생님께 바로 말씀드리고 적극적으로 개입해야 한다. 엄마는 선생님이 우리 아이를 지도해주니까 조심스러워서 아무 말도 못 했는데 지나고보니 그 방법은 옳지 않았다.

학교생활을 하면서 당연한 권리는 아이를 대신해서 적극적이고 당당하게 요구했어야 했다. 생각해보면 나의 소극적인 태도가 오히려 아이에게 도움이 되지 않았다. 선생님들께 무언가 건의할 때는 합리적이고 객관적인 입장에서 말해야 한다. 너무 감정에 치우쳐서 이야기하면 선생님도 부담을 느낄 수 있다. 아이를 얼마나 객관적으로 파악하고 아이의 장애를 긍정적으로 받아들이냐에 따라 엄마의 자세가 달라진다. 그렇게 했을 때 위축되지 않고 당당할 수 있고 아이의 문제행동에도 바르게 대처할 수 있다. 그저 시간이 흐르고 아이가 자라면 막연히 나아지겠지라는 희망은 품지 않았으면 좋겠다.

아이도 위험에 노출될 필요가 있어요

...

장애 아이 교육의 궁극적 목표는 아이의 장애를 개선해서 일반화시키는 것이 아니라 장애를 가지고 있어도 사회에서 더불어 살 수 있게 하는 것이다. 정현이는 원반에서는 활동보조 선생님의 도움을 받으며 생활했다. 그것은 장애에 대한 배려라기보다 다른 방식의 차별이다. 학교나 엄마는 방법을 강구해서 아이가 원반 수업에서 그저 조용히 있으며 잘 따라가게 하려고 노력한다.

하지만 엄마는 아이가 하고 싶었던 것을 항상 억누르게 한 느낌이다. 원반에서 큰 방해를 끼치지 않는다면 활동보조 선생님의 도움 없이 아이 스스로 조금은 자유롭게 활동할 수 있도록 도와주는 것을 권한다.

사실 아이들도 위험에 노출돼야 할 필요가 있다. 보호자는 아이의 안전을 위해 위험을 미리 차단하는데 그것이 때로는 더 위험한 상황으로 연결될 수 있다.

정현이는 중학교 때 엄마나 활동보조 선생님과 함께 통학했다. 횡단 보도를 건널 때면 아이는 신호등을 보고 혼자 판단할 새도 없이 항상 엄마나 선생님의 "가자, 건너자." 한마디에 그냥 건넜다. 그런데 막상 혼자 횡단보도를 건너는 상황이 됐을 때 아이는 신호등도 보지 않고 막무가내로 건넜다. 엄마는 그 모습을 보고 너무 놀랐다. 누군가 아이 곁에서 도움을 주는 것도 필요하지만 습관적인 도움은 아이의 판단력을 떨어뜨리고 의존하게 만든다. 그러므로 아이 스스로 사고하고 판단해서 행동할 수 있도록 일상 속에서 기회를 주고 지도해야 한다.

같은 어려움을 가진 어머니들과 소통하며 이겨내요

...

발달장애 자녀를 둔 부모들은 커뮤니티에 가입하기를 바란다. 내 아이는 다른 아이와 다르다고 고립적으로 있는 것은 아이의 성향을 심화시킬 수 있고 엄마도 왜곡된 정보에 갇힐 수 있다. 우진 엄마는 오로지 아이를 일 반화시키는 것이 목표였고 아이가 성공적인 길을 갈 수 있을 거라는 꿈에만 갇혀있었다. 더구나 치료기관 선생님이 높은 목표와 희망을 주어서 그 기대감을 버릴 수 없었다.

우진이가 성장 폭이 크게 보일 때마다 기대감은 커졌지만 어느 순간 생각이 바뀌었다. 같은 아픔이 있는 엄마들과 아이가 보호받고 이해받을 수 있는 공동체 안에서 함께 해야 한다고 생각했다. 그 후 복지관을 통해 정보도 얻고 부모교육도 많이 받았다. 특히 엄마들과 함께 이야기를 나누면서 긍정적인 영향을 많이 받았다. 장애인 연금이나 여러 관련 제도를 알 수 있었다. 먼저 아이를 키운 선배 엄마들의 조언을 듣고, 문제를 해결하는 과정을 공유하면서 많이 배울 수 있었다. 모임에 참여하면서 소속감을 느끼는 것은 엄마에게는 큰 힘이 된다.

비장애 형제·자매들에게도 많은 관심을

• • •

장애 자녀에게 비장애 형제·자매가 있으면 대개 부모는 장애 자녀에게만 많은 관심과 노력을 기울이기 마련이다. 하지만 엄마는 장애 자녀 못지않게 비장애 형제의 정서를 돌보고 많은 관심을 쏟는 일에 절대로 소홀하면 안 된다.

동현이 동생은 장애를 가진 오빠와 다른 학교에 다녔지만 알고 보니 오빠의 장애로 인한 스트레스와 상처가 심했다. 게다가 오빠로 인해 부모의 사랑을 못 받았다고 느끼고 있었다. 동현이 치료비가 많이 드니까 교육비도 동현이에게만 집중되고 동생은 집에서 학습했다. 엄마는 동생이 혼자 알아서 공부도 잘하고 잘 자라서 별문제가 없다고 생각하고 동현이에게만 집중했다.

엄마는 동생이 자신의 상황을 이해하는 줄 알았다. 그런데 어느 순간 아이는 폭발했다. 동생은 오빠가 고등학교를 졸업하면 엄마가 좀 편해져서 자신에게 관심을 가져주리라 기대했는데, 엄마는 자신도 쉬고 싶어 딸의 마음을 읽을 겨를이 없었다. 엄마는 나름 동생에게도 최선을 다하고 표현해

주며 살았다고 여겼지만 아이는 오빠의 장애로 인해 자존감에 상처받고 분노와 우울감을 쌓아두며 자신을 피해자라고 여기고 있었다.

부모는 비장애 형제들이 어릴 때부터 가슴에 우울, 분노를 담아두지 않도록 깊은 관심을 가지고 표현하게 하고 들어주어야 한다. 아이가 비장애 형제 모임에 참여해서 다른 장애 형제를 가진 친구들끼리 마음을 나누는 것도 좋은 방법이다.

꾸준히 하는 게 중요해요

•••

모든 발달장애 부모들은 아이를 위해 다양한 교육과 치료를 한다. 하지만 그것을 받아들이는 것은 아이마다 다르다. 아무리 인지가 좋다 해도 아이의 정서와 성향에 따라 교육의 흡수력과 효과는 다르다. 아이들의 교육과 치료는 오랜 시간이 걸리기 때문에 인내심을 가지고 꾸준히 해야 한다. 그 과정에서 엄마는 가끔 몸과 마음이 소진되는 것을 느낀다.

그러므로 아이 교육은 장기적인 안목을 가지고 엄마의 에너지를 적절히 쓰는 것이 좋다. 발달장애 아이를 돌보는 것은 마라톤에 비유하듯 힘의 안배도 중요한 것이다. 궁극적으로는 아이들이 다른 사람들에게 피해를 주지 않고 사회에서 어울려 살아가는 것이 발달장애 자녀를 둔 엄마들의 소망일 것이다. 하지만 아이에게 무리한 교육은 스트레스를 주고 부작용을 낳을 수 있다. '낙숫물이 댓돌 뚫는다.'는 속담이 있다. 엄마는 서두르지 말고 일상생활 속에서 아이의 상황에 맞게 차근차근 꾸준히 지도하는 것이 좋다.

생애 포트폴리오와 돌봄 지침서

...

발달장애인의 '생애 포트폴리오'는 일반적으로 생각하는 그것과는 좀 다르다. 생각하기에 따라서 아이의 생애를 담은 다큐멘터리일 수도, 누군가에게 전하는 편지일 수도, 성장 일기일 수도 있다. 나는 아이가 성인이 되고, 취업한 다음 뒤늦게 아이의 생애 포트폴리오를 만들었다.

발달장애인의 생애 포트폴리오는 누군가에게 아이에 대한 소개가 필요할 때, 정보를 제공할 때를 대비하여 미리 한 살이라도 어릴 때 만들어 놓기를 권한다. 나는 아이가 초등학교 입학할 때 담임선생님께 아이에 대해서 많이 알려드리고 싶었는데 매번 바쁜 선생님을 붙들고 긴 이야기를 할 수 없어서 아이에 대한 정보를 빼곡히 쓴 편지를 드렸다. 혹 부담을 드리는 건 아닐지 걱정도 됐지만 당시 나로서는 할 수 있는 일이 그것밖에 없었다. 포트폴리오를 제작할 때 딱 정해진 형식은 없다. 몇 해 전, 열 명의 엄마들과 함께 아이들의 포트폴리오를 만들었는데, 모두 각자 다른 양식으로 만들어서 다양한 결과물이 나왔다. 내용상으로는 당연히 비슷한 부분들도 있고 다른 부분들도 있었는데, 예를 들면 아이의 장애 유형이나 특성, 가정환경, 좋아하는 것들과 싫어하는 것, 종교나 취미활동 등의 소소한 내용과 현재 약을 복용하는 친구들은 약물에 대한 이력, 돌발상황에 어떻게 대처하면 안정이 되는지, 특별히 싫어하는 음식이나 조심해야 하는 음식 등 아이에 대하여 반드시 알아야 할 중요한 내용들이었다. 아이의 사진도 몇 장씩 첨부했는데 이미 성인이 된 아이들의 어릴 적 사진을 보니 재미도 있고 한편 뭉클하기도 하면서 그 아이에 대한 이해와 애정이 더 깊어졌다.

유치원 때 만든 포트폴리오는 초등학교 입학할 때 활용하고, 매년 조금씩 내용을 더하여 학년이 올라갈 때마다 새 담임선생님께 드리면 아이에 대한 이해와 애정이 깊어질 것이다. 그렇게 중학교, 고등학교 차곡차곡 내용을 더하여 활용하다 졸업 후 취업하면 담당자께 드리고, 먼 미래에 아이가 내 손을 떠날 때는 나 대신 아이를 보살펴주실 고마운 그분께 전하면 된다. 이미 초로의 노인이 되어있을 아이의 돌사진, 개구진 표정의 어린 시절 사진, 20대 젊은 시절의 사진들을 보면 아마 아이에 대한 애정이 달라질 것이다. 또, 그 안의 실용성 높은 수많은 아이의 정보들은 분명 그분에게 큰 도움이 될 것이다.

'돌봄 지침서'는 생애 포트폴리오와는 조금 다른데 아이의 현재 상황이나 일과, 요일별 스케줄 등을 자세히 기록해 두는 것이다. 이는 엄마가 갑자기 며칠 집을 비우게 될 경우, 가족 친인척이나 단기 돌봄 시설에서 아이를 돌봐주실 분께 드리는 정보이다. 예기치 못한 상황에 처했을 때 아이의 혼란을 최소한으로 줄여 주기 위한 방비책이라 할 수 있겠다.

김철수 생애 포트폴리오

안녕하세요? 저는 김철수의 엄마 이영희입니다. 지금부터 우리 철수를 소개하려고 합니다. 이 글이 철수를 이해하시는 데 조금이라도 도움이 되었으면 좋겠습니다.

이름 : 김철수

생년월일 : 2012년 3월 10일. 종교: 천주교

철수는 벚꽃이 흐드러지던 봄날 서울병원에서 자연분만으로 2남 중 둘째로 태어났습니다. 두 돌 무렵까지 철수는 건강하게 잘 자라 주었는데, 24개월 무렵부터 눈 맞춤이 잘되지 않고 불러도 반응이 없어서 소아정신과를 찾게 됐고, 2014년 5월 서울병원에서 자폐성 장애 2급 진단을 받았습니다. 자폐성 장애는 언어소통이 잘 안되고, 소리에 민감하며 상동 행동 등의 특징을 보이고 무엇보다 사회성이 부족합니다.

철수는 약물치료는 하지 않았고, 놀이치료 언어치료 감각통합 등의 치료를 시작으로 현재까지 다양한 치료를 하고 있습니다.

철수는 서울 서초구 반포동에 있는 서울어린이집, 서울유치원을 거쳐 1년 유예를 하고 아홉 살에 서울초등학교에 입학했습니다.

철수는 현재 4학년이고 체육과 미술 시간을 특히 좋아합니다. 유치원 때부터 지금까지 꾸준히 태권도와 수영을 하고 있고, 자전거와 인라인스케이트도 잘 탑니다.

철수가 특히 좋아하는 음식은 불고기, 치킨, 피자 등 이고, 싫어하는 음식은 나물 종류와 김치, 신맛이 나는 음식입니다.

철수는 애니메이션 영화 보기를 좋아하는데 소리에 민감하여 가끔 귀를 막기도 합니다. 의사소통이 잘 되지 않을 때는 시각적 자료를 활용하시면 더 이해가 빠르고, 두세

개의 예시를 주고 선택하게 하면 효과적입니다.

철수의 장점은 약속을 잘 지키고, 성실하며 집중력이 좋다는 것이고, 단점은 고집이 센 것입니다.

기분이 좋으면 흥얼거리기도 하고, 혼잣말하기도, 제자리에서 겅중겅중 뛰기도 하는데, 잠시 두었다가 조용히 얘기하면 멈춥니다.

화가 나 있거나 떼를 쓸 때는 두 손을 잡고 눈을 맞추고 낮은 음성으로 단호하게 말하면 진정됩니다.

방과 후에는 체육활동, 언어치료, 미술치료를 하고 있고, 주말에는 주로 영화관, 서점, 동물원, 쇼핑몰 등에서 시간을 보냅니다.

〈생애포트폴리오 양식〉

아이의 장애 앞에 당당한 엄마가 되세요

...

대부분의 발달장애를 둔 엄마들은 초기에는 아이의 장애를 받아들이지 못한다. 엄마는 아이에게 장애가 있다는 사실을 10년 정도 주변에 알리지 못한 채로 사회생활을 했다. 굳이 숨긴 것은 아니었지만 왠지 말하기가 부담스러워 의례적인 가족에 관한 질문은 회피하곤 했다.

어느 날 중요한 강의가 있었는데, 아빠만 초대했다. 그런데 강연이 잘 끝나고 손뼉을 치는 인파 사이로 "엄마!" 하는 소리가 들렸다. 성훈이었다. 다운증후군인 성훈이가 축하 꽃다발을 들고 걸어오고 있었다. 그 모습을 본 순간 '이것을 부인하면 난 엄마도 아니다.' 하는 생각이 들었다. 엄마는 아이를 두 팔 벌려 따뜻하게 안아주었다. 그 모습은 그 자리에 있던 많은 사람에게 감동을 주었다. 그 일은 주변에 아이의 장애를 알리게 된 계기가 되었고 엄마는 이후 마음이 매우 편해졌다. 엄마는 아이에게 장애가 있다는 사실을 주변에 알리는 것이 힘들어서 오랫동안 알리지 않았다. 하지만 엄마부터 장애라는 장벽을 쌓고 있었다는 것을 깨닫고 이제는 당당하게 아이의 장애를 인정하고, 아이의 밝은 미래를 향해 적극적으로 노력하고 있다.

약을 사용할 때는 충분한 고민이 필요해요

...

발달장애 아이를 위한 약의 효과는 개인차가 있으므로 약에 대한 무분별
한 의존은 좋지 않다.

태영이는 사춘기를 힘들게 겪었다. 비장애 아이들도 사춘기를 지나며 변
화를 겪는데, 엄마는 아이의 변화된 행동을 장애 때문에 비롯된 것으로
생각하고 약으로만 해결하려고 했다. 의사와 상의해서 약을 늘리고 그것
도 안 되면 더 강한 약으로 바꾸곤 했다. 약으로만 해결하려는 의료진에
대해 씁쓸해하면서 병원도 옮겨 봤지만 그저 약의 용량만 늘어날 뿐이었
다. 아이는 많은 용량의 약을 먹으면 몸을 부들부들 떨고 눈빛도 이상해
졌다. 그럴 때는 다른 부작용이 걱정돼서 학교도 보내지 않고 엄마가 곁
에서 줄곧 지켜봐야했다. 결국 엄마는 몇 달 동안 약에 관해 공부해 가며
투약을 줄였다. 그랬더니 오히려 아이의 상태가 호전되었다.

승주는 초등학교 때 집중을 하지 못하고 자리에 전혀 앉아있지를 못했다.
2학년 때 언어치료 선생님은 치료 기간만이라도 아이에게 약을 먹이기를

권하셨다. 6개월 동안 약을 먹었는데 아이는 복용 이후 잠을 못 자고 입맛이 떨어지면서 체중도 줄었다. 하지만 그동안 착석하는 것도 익히고 언어도 많이 늘며 효과를 보았다. 6개월 이후에는 투약을 중단했다. 그래도 그때 익힌 학습 효과는 계속 유지되었다. 약의 부작용을 우려해서 투약을 망설이기도 했지만 적절한 때에 약을 사용해서 아이 행동을 조절하고 학습 효과도 얻을 수 있었다. 그 후 아이는 약을 안먹어도 퇴행하지 않고 무난히 학교생활을 이어갔다.

아이의 공격성을 대하는 다양한 방법

•••

태현이는 아이들을 자주 때렸다. 심지어 선생님도 때렸다. 엄마는 학교에서 아이의 문제행동에 대처하는 방법에 관한 강의도 들었지만 대체로 약으로만 해결하려 한다는 생각이 들었다. 아이의 태도가 바뀐 것은 엄마가 어느 신부님의 조언을 들으며 관점을 바꾼 것이 계기가 됐다. 신부님은 "아이가 자라면서 의사소통이 안 되고 표현이 부족하니 억울하게 혼나고 맞았을 텐데 사춘기가 돼서 스스로에게 힘이 생기니 다른 사람을 때리는 것 같다."고 말씀하셨다. 그러면서 유용한 심리학 강의를 듣는 등 엄마가 많이 공부하고 아이를 진심으로 이해하고 사랑하며 긍정적인 방법을 찾아보라고 하셨다.

알고 보니 태현이는 수동 공격형 아이였다. 수동 공격형은 괴롭힘 받은 경험이 있는 애들이 자기보다 더 약한 대상을 괴롭히는 유형이다. 아이에게 좋아하는 것과 버리고 싶은 것을 적으라 했더니 버리고 싶은 것에 회초리, 검은색 막대기, 빗자루를 적었다. 그것들은 모두 아이를 때릴 때 쓰던 물건들이었다. 엄마는 아이와 함께 그것들을 모두 가지고 나가서 함께 버렸다.

그리고 "다 버리자. 이제 엄마도 너를 때리지 않을게. 너도 다른 사람들 때리지 마."라고 약속했다. 폭력성은 단기간에 나아지지 않았는데, 그럴 때는 아이에게 벌로 엎드려 뻗치기, 팔 굽혀 펴기, 앉았다 일어서기 등을 운동 삼아 하도록 했다. 아이는 선생님도 놀랄 정도로 몇 달 만에 확연히 달라졌다. 태현이 고교 2학년 담임 선생님은 아이가 선생님을 때리려고 할 때면 체벌이나 기합을 주지 않고 아이 팔을 잡아 흔들면서 긴장을 풀어주고 어깨를 주물러주고 머리도 지압해 주었다. 그런 방법에 확신을 갖지 못하는 엄마에게 선생님은 아이가 좀 더 크면 나아질 거라고 안심시켰다. 다행히 아이는 나이가 들면서 공격성이 없어졌다. 사춘기에 들어서 공격성이 있는 아이들 특히 남학생에게는 약에 의존하기보다 운동량을 늘리라는 조언도 하고 싶다.

네 손을 묻지 않을게

너는 네 모습대로 예쁘게 살면 돼

...

다운증후군 작가가 쓴 책이 있다. 주인공은 "나는 21번 염색체가 세 개인 다운증후군이야."라고 소개한다. 자폐성 장애인인 준영이도 자신의 장애에 대해 어느 정도 인지하고 있는 듯하다. 엄마는 아이가 자신의 장애에 대해 궁금해 할 때 "세상에는 다양한 사람들이 살고 있어. 노인도 있고 어린이도 있고 장애인도 있어. 생김생김이 다르듯 모든 사람들은 다 다른 특성을 지니고 있어. 너는 그냥 네 모습대로 예쁘게 살면 돼."라고 말해 주려고 한다. 자폐성 장애는 신체 장애와 달리 외적으로 잘 드러나지 않으므로 장애가 있음을 일반인들이 알기 어려울 수도 있다. 그러므로 아이에게 조금씩 가르쳐서 훗날 도움이 필요할 때 자신의 장애에 대해 남에게 이해를 구할 수 있도록 준비시키고 싶다.

엄마를 지탱시켜 주는 힘

...

윤호는 다운증후군이다. 태어나자마자 심장질환으로 중환자실에서 치료를 받았다. 의사는 아이가 오래 살지 못할 거라고 했다. 엄마는 하늘이 무너지는 것 같았다. 그런데 외할머니가 본인이 아이를 돌볼테니 무조건 복직하라고 해서 떠밀리듯 출근을 했다. 그리고 미친 듯이 일에 몰두했다. 하루 3시간 이상 잠을 자 본 적이 없이 일에 매달렸다. 다행히 생사를 오가던 아이는 장애를 갖게 되었지만 건강하게 잘 성장했다. 주변의 많은 도움이 있어서 가능했으며 무엇보다 직업을 포기하지 않은 것이 엄마에게는 중요했다.

엄마는 장애 아이를 둔 엄마들이 상황이 허락되면 직업을 갖기를 권한다. 일을 하면서 아이를 잠시 잊을 수 있기 때문이다. 발달이 느린 아이는 아무리 가르쳐도 금방 나아지지 않았고 성취감이 없으니 엄마는 쉬이 지쳐갔다. 하지만 직장 일은 잠시라도 성취감을 느끼게 해주면서 아이를 사랑할 수 있도록 용기를 북돋아준다. 그것이 엄마를 지탱하게 해준 힘이 되었다.

왜 아이만 붙들고 있어?

...

"언니, 이제는 하고 싶은 것 해도 되는데 왜 아이만 붙들고 있어?" 어느 날 동생이 주원 엄마에게 말했다. 그 말을 듣는 순간 엄마는 자신에게 새로운 것을 시작하는 것에 대한 두려움이 있었음을 새삼 깨달았다. 주원이가 어릴 때는 아이를 돌봐야 하니까 아무것도 할 수 없다고 느꼈다. 아이가 자라고 혼자 할 수 있는 것이 많아지면서 좀 여유가 생겼지만 막상 뭔가 시도하려면 공연한 죄책감을 느꼈고 끝까지 아이 키우는 일에만 전념할 거라며 주저앉곤 했다.

그러던 중 엄마는 문화해설사 수업을 듣게 되었고, 자격증을 취득한 후 박물관에서 일하게 되었다. 그런데 항상 집에 있던 엄마가 없는 시간이면 아이가 슬퍼하고 불안해 했지만 시간을 조절하면서 잘 적응할 수 있었다. 아이는 반드시 성장한다는 믿음을 갖고 엄마도 직업이든 취미생활이든 자신을 돌볼 필요가 있다. 아이에게 매어서 엄마의 존재감이 없어지고, 아이가 엄마에게 계속 의존한다면 장기적으로도 아이에게 좋은 영향을 줄 수 없다고 생각한다.

글로 쓰는 마음 이야기

엄마의 마음 낙서장

• • •

　　장애 자녀를 둔 엄마들과 꾸준히 정보를 공유하고. 학습지원실 선생님들이나 치료사 분들의 말들을 경청하며 아이를 최대한 객관적 시각으로 보는 것이 중요하다. 아이의 부족한 부분을 다른 애들과 비교하며 포기하지 말고 10배, 100배 그 이상의 시간이 걸림을 알고 꾸준히 시간을 가지고 발전하도록 하는 끈기 있는 교육 마인드가 필요하다. 지치지 말고 포기하지 말기를 바란다. 엄마가 포기하면 아이들은 금방 눈치를 챈다. 우리 아이들은 반드시 발전한다.

　　시간은 너무 빠르게 지나간다. 특수교육 이것저것 다 찾아다니지 말고, 아이에게 꼭 필요한 교육에 집중하고, 취미로 성인기에 여가생활을 할 수 있도록 악기나 운동 등 한두 가지 정도 준비해 나가는 것을 추천한다. 지나고 나면 잘 지내 온 것 같아서 감사한 마음이 들 것이다. 후배 어머님들 자녀들도 잘 해낼 수 있을테니 우울해하지 말고 같이 힘내자고 말하고 싶다.

우리는 흔히 장애는 '틀림'이 아니라 '다름'이라고 세상에 말한다. 정말 그렇게 생각할까? 세상에는 그렇게 이야기하면서, 내 마음속은 아직도 내 아이의 다름을 인정하지 못하고 있는 건 아닌지 잘 들여다보길 바란다. 아이의 장애는 우리 가정의 일부이다.

그 일부분 때문에 우리 가정 전체를 어둠 속에 가두지 말아야 한다. 아이가 장애 진단을 받은 건 20여 년 전인데 지금까지도 슬퍼하고 우울해 하는 사람들도 있다. 앞으로 20년, 30년도 그렇게 지낼 것인지, 아니면 아이의 다름을 인정하고, 있는 그대로의 행복을 찾을지는 여러분의 선택이다.

사랑스러운 나의 아들이 장애가 있다고 판정받았을 때를 다시 떠올리면 하늘이 노랗고, 두 발이 허공에 떠 있는 듯 서 있어도 지금 서 있는 게 맞는지 정신이 아득했던 기억이 있다. "엄마", "우유" 외에는 말을 못 했던 아이는 초등학교를 가고 중·고등학교를 지나 지금은 어엿한 직장인으로 성장했다. 아이 때문에 울고 웃기도 하고 때로 죽고 싶고 포기하고도 싶었지만, 아주 조금씩 성장하는 아이를 보면서 다시금 마음을 잡고 뛰고 뛰었다. 후배 어머님들님도 포기하지 마시고 끝까지 아이와 함께 성장하기를 바란다.

우리 아이들은 정말 잘 자랄 것이다. 우리가 이렇게 정성을 다하고 있고 또 도와주는 선생님들이 있기에. 지칠 때면 주변의 위로를 받으면서, 또 위로를 주면서 그렇게 살아가는 것이 삶인 것 같다. 내가 그렇게 살아낼 때 우리 아이들도 앞으로 그리 살아낼 테니까.

　　장애가 있는 아이를 키우고 있다는 단순한 하나의 사실로 말하기에는 아이들의 상황이 각자 너무나 다양하다. 25년의 세월이 지났지만 긴 터널을 지나온 것처럼 아득하게 느껴진다. 25세 여자아이, 지적장애 1급, 고등학교까지 정규 교육과정으로 마치고 복지관 생활하고 직업훈련과정을 받으며 취업 준비 중이라는 다양한 정체성으로 설명되기까지 겪었던 시간은 흐린 날도 맑은 날도 있었다. 그 시간을 지나왔기 때문에 담담하게 얘기하고 있지만 결코 녹록하지는 않았다.

그래서 다양한 연령의 발달장애 아이들을 볼 때마다 그 시절의 아이와 나의 모습이 떠올라 가슴 한 켠이 시리다. 아이의 장애를 받아들이는 것이 아프고 힘겨웠던 엄마는 아이가 치료와 교육으로 평범하게 될 수 있으리라는 꿈을 가졌지만 그것은 오히려 희망 고문이 되어 속앓이를 해야 했다. 정확하게 무엇으로 그 아픔을 위로받고 치유 받을 수 있었는지 말할 수는 없지만 겪어낸 그 시간이 있어서 지금의 나와 아이가 있을 수 있었다고 생각한다. 다만 걱정에 얽매여 항상 현재를 잊고 사느라 많이 웃지 못하고 행복하지 못했다는 아쉬움이 크게 남는다.

'걱정을 많이 해서 걱정이 없어지면 걱정이 없겠네.'라는 티베트 속담이 있듯이, 다가오지 않은 미래의 일로 힘들어하지 않았으면 좋겠다. 장애 자녀를 키우는 같은 아픔을 겪고 있으면서 다른 아이들의 장애와 비교하여 위로나 상처를 받는 마음은 경계했으면 좋겠다. 우주에 하나뿐인 존재로

써 우리 아이가 존중받을 수 있도록 마음밭을 일궈 가길 바란다. 장애 아이가 우리에게 온 것은, 우리에게 주어진 특권이며 은혜임을 증명할 수 있을 것이라 믿는다. 우리의 삶에서 녹여낸 말 하나하나가 값진 위로가 되고 힘이 되길 바란다.

그래도 괜찮아

김진희

•••

장애 자녀를 키운다는 것은 세상의 기준으로 보았을 때 불행한 여건으로 보일 수 있다. 하지만 장애 자녀를 키우지 않아도 세상 사람들은 각자 나름의 이유로 행복하고 불행하다. 사람들이 스스로 불행하다고 느끼는 원인 중에 하나는 남과 비교하는 것이다. 장애 아이를 키우면서 우리를 더 힘들고 지치게 하는 것은, 내 아이를 비장애 아이들과 또 다른 장애 아이들과 비교하는 일이다. 내 아이보다 능력이 좋고 성장 속도가 빠른 또래 아이들을 보면 조바심이 나거나, 엄마로서 부족함을 느끼고 공연한 자책에 빠지기도 한다. 하지만 걱정과 불안은 엄마도 지치게 하고 아이에게도 도움이 되지 않는다.

장애 아이들의 인지능력이나 성장 속도는 각자 다르다. 내 아이만의 능력과 성장 속도를 받아들이면 마음이 좀 편해진다. 남과 비교하지 말고 그저 내가 감당할 수 있는 환경 안에서 지금 아이에게 해 줄 수 있는 교육과 치료를 하면서 한 발 한 발 내딛는 마음으로 오늘을 사는 것이 최선이라고 생각한다. 나는 세상이 무너질 만큼 아팠던 날은 그저 견디며 그 순간이 지나가기를 기다렸다. 조용히 내 안에 머무르는 시간을 자주 가졌고, 거기서 위안을 얻을 수 있었다. 마음이 많이 힘들 때는 그 마음을 가만히 들여다보기를 바란다. 무엇 때문에 괴로운지….

사람을 불안하게 하는 근본적 요인은 두려움과 욕심이라고 한다. 나는 아이에 관해 무엇이 두렵고, 아이에게 무엇을 기대하는가?

그것은 나와 아이를 편안하게 하는가?

그저 마주치는 사람 혹은 나에 대해 잘 알지도 모르면서 그들의 가치로 판단하는 타인의 말과 행동에 휘둘리지 않는가?

세상에서 내가 가장 힘들고 불행한가?

장애 아이만 없으면 과연 항상 행복할까?

아이의 미래에 대한 막연한 불안감에 짓눌리지 말자. 그 불안은 어디에서 오는가 들여다보고, 그래도 괜찮다고, 그래도 다행이라고 스스로를 다독이자. 내가 걱정한다고 해서 아이가 당장 좋아지는 것도 아니다. 내가 지금 할 수 있는 일을 하고 아이를 믿고 기도하는 마음으로 기다리자.

나는 아이를 받아들이는 과정을 통해 나만의 벽을 부숴야 했다. 그로써 많이 성장했고 오히려 감사를 알게 되었다. 어두운 절망 안에 자신을 가두지 말기를! 새 날은 또 밝아오고 일어설 기운은 생긴다. 바라건대 아이로 인해 모두 마침내! 행복해지자고, 아니 지금 이 자리에서 행복을 발견하자고 뜨거운 격려를 보낸다.

자유를 욕망하라!

박은주

• • •

우면산에 간다. 역대급 북극 한파라 해도 오르는 동안 등에는 땀이 흐른
다. 비로소 자유로운 마음이 된다. 누구는 건강을 위해서 또 살을 빼기 위
해 산에 오른다. 나는 구도의 길을 찾는 수행자가 되어 한 걸음 한 걸음
오체투지의 마음으로 자유의 길을 간다.

《그리스인 조르바》 몇 년 전 법정 스님의 추천 도서 목록에서 보고 읽기
시작했다. 몇 장 읽지 못하고 무슨 이야기인지 이해도 안 되고 지루하기
도 하여 덮고 말았다. 그런데 그 책이 나를 유혹하듯 다시 눈에 들어왔다.
그리스의 작가 니코스 카잔차키스가 작중의 화자인 '나'로 등장하고 작가
가 직접 만난 '조르바'라는 인물을 주인공으로 한 자전적 소설이다. 19세
기와 20세기 중반 격동의 유럽에서 살아가는 전형적인 학자풍의 작가와
자유로운 영혼 조르바의 이야기는 여러 사건들 속에서 시종일관 '자유'라
는 메시지를 부각한다. 2주 동안 진희가 다니는 복지관이 방학이다. 성인
의 나이에도 불구하고 아이의 방학은 엄마의 개학이다. 어김없이 돌아오

는 무기징역처럼 나는 물리적인 수감생활을 해야만 한다. 소설 속의 '조르바'라면 제한받고 있는 자유일지라도 할 수 있는 대로 그 자유를 만끽할 수 있을까? '까르페 디엠', 현재에 충실한 자유를 누리는 '조르바'가 보인다. 아름다운 구속이라 포장하고 싶다. 그러나 솔직한 내 마음은 하루하루 D-day를 꼽으며 개학을 기다린다. 자유를 향한 소소한 전쟁은 내 마음속에서도 격전 중이다.

'이 말을 하면 나를 욕하지 않을까?'
'이렇게 행동하면 나는 비상식적인 사람이 될 거야.'
'모임에 가고 싶지 않은데 이러다 나만 외톨이가 되는 거 아닐까?'
'나만, 우리 아이만 뒤처지는 것은 아닐까?'

책 속의 '나'가 소위 지식인이라는 사회의 가치관, 이념, 종교의 감옥에 '나'를 가두고 있는 것처럼 나도 생각의 감옥에 나를 가둔다. 아침이 밝고 꽃이 피고, 새가 우는 것이 신비로워 저절로 춤과 노래가 나온다는 '조르바'가 보여주는 실존의 삶이 대비된다. 모든 사람들이 '조르바'와 같은 삶을 살 수는 없지만 불가능한 삶을 갈망하며 자신을 스스로 구속하기보다 작은 것에 행복하고 만족할 줄 아는 마음이라면 그것이 시작이 아닐까! '나는 아무것도 바라지 않는다. 나는 아무것도 두려워하지 않는다. 나는 자유다.' 책 속에서 구현하려고 했던 니코스 카잔차키스의 삶이 그의 묘비명에 선명하게 보인다. 욕망하는 것은 꼭 이루는 것을 목적으로 하지 않아도 좋다. 내가 욕망하는 것이 있으므로 살아있다는 증거가 아닐는지…. 그래서 나는 오늘도 아이가 돌아오기 전 깊은 호흡을 하듯 홀로 우면산을 오르고 양재천을 걷고 자유로운 공기를 온몸으로 받아들이며 살아간다.

4부 – 맘모아 엄마들이 응원합니다

Q & A

Q & A

...

질문 1) 잘 추스르고 가던 마음도 무너질 때가 많이 있습니다. 어떻게 극복했을까요?

- 모든 게 싫어지고 놓아버리고 싶은 순간, 잠시 그 상황을 피해서 혼자만의 시간을 갖는다. 그리고 아이가 기쁘게 했던 기억을 떠올리고 마음을 가라앉히도록 노력한다. 그래도 순간순간 감정이 격해질 때도 있다. 엄마도 화가 나고 슬플 때가 있다는 걸 아이가 아는 것도 나쁘지는 않은 것 같다. 다만 그것이 아이 때문이라는 인식을 갖지 않도록 했다.
- 장애를 있는 그대로 인정하고. 아이의 미래만 생각하고 강하게 마음을 먹었다.
- 신앙을 통해 아이와 나의 삶의 소명을 생각하게 되었고 새벽기도를 했다. '우리 아이를 낫게 해주세요.'라는 기도에서 점차 나의 영혼을 평화롭게 해가는 과정이 되었고 기쁨의 응답도 있었다.
- 같은 치료실 엄마들, 치료사 선생님께 어려움을 얘기하고 나누면서 힘

을 냈다. 더 어려움 있는 분들을 통해 혼자 위로도 받고 다시 맘을 다잡는 기회를 가졌던 것 같다.

- 마음이 무너질 때는 멀리 보지 말고 오늘 하루만 살자는 마음을 갖자. 방향만 잃지 않고 하루하루 성실히 살다 보면 일상으로 돌아오는 날이 있다. 등산하다 정상이 너무 멀리 보일 때, 발 아래만 보고 걷듯이. 그리고 본인이 무엇을 할 때 행복한지를 꼭 찾았으면 좋겠다. 좋은 취미는 든든한 친구가 되어 준다.

- 장애 아이를 낳고 키우면서 하늘이 무너진 듯 앞이 캄캄하고 나의 미래는 온통 회색빛이었다. 이 모든 것이 누구의 탓만 같았고 그 원인만 없다면 내 미래는 더할 수 없이 밝기만 할 것 같았다. 그러나 결국 어떤 상황도 받아들일 수밖에 없음을 힘겹게, 서서히 인정하게 되었다. 그 또한 분명 개인차는 있을 것이다. 나는 누구보다 힘겹게 지나왔고 그만큼 시행착오도 많았으며 그것은 아직도 진행 중임을 인정하고 싶다. 그러나 분명 내 마음밭에 있던 분별심, 시기심, 부정적인 성향, 욕심등 온갖 잡석들이 부서지면서 옥토로 가꾸는 과정이었으며 내 인생의 기쁨이었음을 당당하게 말할 수 있다. 물론 모든 것이 공짜는 아니다. 종교를 통해서든 독서 활동으로 나름의 삶의 철학을 배우든 명상, 운동 등 육체를 통한 노력이 있어야 한다. 분명 막막한 순간도 행복한 순간도 지나갔다. 끝이 있으리란 막연한 희망보다 지금 현재를 충실히 살아가는 것이 정답이 아닐까 한다. 무너지는 때도 분명 있지만 그렇지 않을 때도 있음을 등불 삼아 가다 보면 길이 보일 것이라 생각한다. 이렇게 조언(?)이라고

네 손을 놓지 않을게

하는 나도 여전히 무너질 때가 있지만 잘 살아가고 있으므로 그것이 마중물이 되길 희망한다.

- 마음이 무너질 때는 차 안에서 혼자 꺼억꺼억 울었던 것 같다. 한참을 울고 나면 정신이 맑아지면서 다시 일어날 힘이 생기는 듯했다. 그리고 개인적으로는 남편과 많은 대화를 했다. 나보다 더 모르기 때문에 무슨 해답을 기대하는 것은 아니지만 그저 들어주기만 해도 일단 맘은 편해졌다.(물론 얘기를 쏟아놓기 전에 무슨 말을 해도 중간에 끊지 말라는 협박(?)을 하고 시작한다.) 남편에게 두서없는 얘기를 하면서 앞으로의 해야 할 일들이 정리되는 때도 종종 있곤 했다. 남편이든 동료든 형제자매든지 쏟아놓을 주변인이 내게도 필요하다.

질문 2) 비장애 형제자매의 케어를 어떻게 하셨는지 어떤 활동을 위주로 같이 해주셨는지, 장애 형제자매에 대한 설명을 평소에 어떻게 말씀해주셨는지도 궁금합니다.

- 장애 자녀와 아빠가 최대한 치료실에 동행하고 엄마는 비장애 형제와 함께 하는 시간을 늘려 돌봄의 공백이 없도록 했다.
- 비장애 동생은 할머니가 집에 계셔서 준비해준 책이나 놀잇감으로 도움을 받았다. 동생이 초등학교에 입학하게 되어 언니에게 장애가 있다고 말하니 울면서 힘들어했다. 언니가 치료실 계속 다니면 좋아지는 줄 알았다고… 그래서 이제 장애 등록도 하고 복지관 수업도 참여하면 언니

도 잘 생활할 수 있다고 말해주었다. 어려서는 언니를 많이 보호하려 했었는데 점점 마음의 짐처럼 여기면서 미래에 책임져야 하는 존재로 생각하는 것 같았다. 최대한 아빠 엄마가 준비할 것이고 복지정책도 많이 좋아지고 있으니 염려하지 말라고 말하고 있다. 담담하게 그때그때 현실적으로 얘기해 주었고 피하지 않았다.

- 장애인 자녀와 분리를 시킨다.(ex. 학교는 반드시 따로 보냈다.) 따로 카페 데이트를 많이 했고 관심을 가졌다. 전문가에게 상담받게 했다. 오빠의 히스토리를 자세히 이야기해주고 장애에 관해서도 설명해 주었다.

- 비장애 형제자매와 유치원이나 학교를 꼭 분리해서 보냈으면 좋겠다. 비장애 형제자매가 학교생활을 자신감을 갖고 편안하게 할 수 있을 것이다. 그리고 기회가 될 때마다 시간을 내서라도 비장애 형제자매와 엄마의 둘만의 시간을 갖자. 그 아이에게 100퍼센트 집중하고 사랑을 줌으로써 장애 형제에게 엄마의 사랑을 빼앗긴다는 결핍이 아닌 자신감과 충만함을 줄 수 있다. 엄마가 장애 형제자매를 대하는 생각, 태도 그대로 비장애 형제자매도 배운다. 말 한마디도 조심하길 바란다. 부모의 태도에 따라 '장애인이 내 동생이야.'라는 비관적 인식이 될 수도 있고, '내 동생은 장애인이야.'라고 하는 낙관적 생각을 할 수도 있다. 비슷한 듯 해도 그 차이는 비장애 형제자매의 미래에 큰 영향을 줄 것이다.

- 형제가 다행히 4살 터울 형이어서 장애가 있는 동생을 이해하며 받아들였다. 동생이 치료 수업을 마치고 늦게 귀가할 때가 많아서 형은 혼자 있는 시간이 많았다. 시간이 날 때마다 동생의 처지를 설명하고 이해를

시키려고 노력했고 엄마는 동생이나 너를 모두 똑같이 사랑한다고 말했다. 그리고 형제가 함께 있는 시간에는 동생보다는 형에게 더 집중했다. 독립을 해서 떠나가기 전까지 충분한 사랑을 주는 게 맞는 것 같다.

• 비장애 형제자매 케어는 사실 많이 부족하였던 것 같다. 주변에서 "비장애 형제에게 더 신경을 많이 써야 한다."라는 조언을 듣기는 했지만 와닿지 않았다. 장애를 가진 형에 비해 동생이지만 스스로 할 수 있다고 단순하게 생각했다. 시간이 지나면서 비장애 동생에게는 더없이 미안하고 맘이 아팠다. 그럼에도 불구하고 건강하게 자라주어 감사한 마음 뿐이다. 위에서도 언급했지만, 엄마가 장애가 있는 형제자매에게 어떻게 대하는지가 결국은 비장애 형제자매에게도 고스란히 교육이 되는 듯하다. 따로 설명해주지는 않았던 것 같다. 장애 형제로 불편한 마음을 말할 때면 그저 "네 맘이 그렇구나." 인정해주는 것밖에는 다른 방법이 없었던 것 같다. 다만 내가 장애 자녀에게 집중할 때는 남편에게 비장애 형제의 정서를 부탁하였고 남편이 장애가 있는 자녀에게 집중할 때는 내가 비장애 형제자매에게 신경을 좀 더 썼다.

질문 3) 우리 아이를 이상하게 바라보는 타인들에게 어떻게 대하시나요?

• 요즘은 장애에 대한 인식이 예전보다 좋아져서 장애인들을 그냥 모른척하거나, 보호자가 있다면 금세 외면하기도 한다. 간혹 이해를 못 하시는 분들에게 "제 아이가 장애를 갖고 있어서 제가 같이 다녀요." 하고 간단

하게 말하고 무시하는 편이다.

- 호의적인 분들에게는 감사 인사를 한다. 무관심도 고마울 때가 많다. 혹시 상처를 주는 분이 있다면 내가 바꿀 수 있는 부분이 아니니 '상대방이 불편하시구나.'라 생각하고 빨리 잊는 게 좋을 것 같다.

- 그냥 일일이 설명은 하지 않고 꼭 필요한 상황에서는 "저희 아이가 발달장애가 있습니다."라고 말한다.

- 타인의 시선에 부모님이 먼저 당당해지기를 부탁드린다. 쉽지 않은 일이고 시간이 필요한 일이지만 그래도 꼭 그렇게 해야만 한다. 엄마가 부끄러워하거나 주눅이 들면 아이는 영문도 모른 채 더 주눅이 들고 죄책감을 갖게 될지도 모른다. 그런 일이 반복되면 아이의 자존감은 점점 낮아질 수밖에 없다. 아이가 피해를 줬다면 공손히 사과하면 되고, 이해를 시키면 되고, 손해를 입혔다면 배상을 하면 된다. 그냥 아무 이유 없이 좀 다르다는 이유로 지나치게 쳐다보거나 하면 "왜 그러시냐고 우리 애가 뭘 잘못했을까요?"라고 물어보라. 상대방이 더 미안해할 것이다.

- 돌이켜 보니 그냥 다른 아이랑 똑같이 데리고 다니면 될 것 같다. 위험한 경우에는 제한하고 궁금한 사람에겐 아이에게 장애가 있다고 말한다. 요즘엔 미디어의 영향으로 장애와 장애인의 삶에 대한 이해가 다양하게 인식되고 있어서 간단한 설명으로 충분하다.

- 아이가 어렸을 때는 폐가 되는 경우에 주변 사람들에게는 양해를 구했다. 직접적으로 일일이 설명하지는 않았고 그저 내 아이와 얘기하면서 주변이 자연스레 이해할 수 있게 했다.

- 남들에게 피해가 없다면 그냥 본인이 스스로 불편함을 느낄 때까지 놔두는 편이다. 보는 입장에서는 걱정이 되지만 무반응에 아이도 흥미를 잃고 그런 행동을 하지 않았다. 말을 하면 잔소리라 생각해서 더 안 듣는 듯했다. 반드시 고쳐야 할 행동일 때는 아주 강하게 혼내거나 행동으로 제지했다. 같은 장애를 갖고 있어도 아이들마다 다를 수 있으므로 부모가 잘 관찰하고 단호하고 일관성 있게 지도하는 것이 바람직하다.
- 엄마의 기분이 정말 중요하다. 인내심을 가지고 위험한 행동이 아니라면 스스로 조절할 때까지 지켜본다.
- 하지 말라는 피드백보다는 한 가지 경우의 수를 더 제시하고 선택하게 하거나 관심을 다른 쪽으로 유도하는 것도 좋다.
- 장애 아이들은 일반적으로 표현언어보다 수용언어가 높다. 수용하지만 표현이 어눌하여 자신의 의사 표현이 좌절될 때 아이가 보내는 비언어적 표현을 세심하게 살펴야 한다. 언어를 떠나 아이가 무슨 이야기를 하고 싶어 하는지 귀를 기울여야 한다. 작은 잘못에는 스스로 반성할 수 있게 해주고 간단한 반성문을 쓰게 하고 매일 반복해서 읽고 깨우치게 하는 것도 방법이다. 몰라서 잘못한 일에 처음부터 혼내지 말자. 잘못이라는 것을 가르쳐주고 같은 잘못을 반복하면 그때 혼내는 것이 효과가

더 크다. 벌을 세우더라도 미리 아이와 약속된 벌을 주고, 지금 내가 아이에게 하는 게 훈육인지, 그냥 내가 화가 난 것인지, 신경질인지 꼭 판단해야 한다. 그런데, 예외의 경우가 있다. 남에게 피해를 주거나, 본인에게 위험한 행동을 할 때는 아주 강하게 대처해야 한다. 폭력성을 보이면 아주 호되게 혼나는 것으로 인식시켜야 한다. 어릴 때 나오는 폭력성을 잡지 못하면 어른이 되었을 때 다른 기능이 아무리 좋다 해도 사회생활이 불가능하게 된다.

- 우리 아이들은 수십 번, 아니 수만 번이라도 되고 안되는 사항을 가르쳐야 한다고 생각한다. 낮은 어조로 엄격하게 가르쳐야 하고, 이해할 때까지 꾸준히 해야 한다. 엄마의 땀과 수고를 필요로 하는데 절대 지치지 말고 열심히 하면 된다고 믿고 고쳐주어야 한다. 그래야 유아기를 지나 학교생활 12년을 버틸 수 있고 더 나아가 취업을 해서 사회생활도 할 수 있다. 아이가 안쓰럽다고 생각하지 말고 안되는 것은 확실하게 교육해야 훗날 비장애인과 어울려 삶을 행복하게 살아갈 수 있을 것이다.

- 같은 잘못이라도 주위에 보는 사람이 많을 때는 단호한 언어보다는 온화하게 말하는 경우가 많았다. 아이도 창피함을 느낄 것이라 생각했고 나도 좋은 엄마라는 인상을 주려고 했던 잘못된 판단이었다. 잘못된 점은 일관성 있게 확실히 인지시켜야 한다. 아이가 엄마의 행동을 시험 삼아 부정적인 행동을 하는 경우도 있으므로 담담한 표정과 단호한 마음으로 대처해야 한다. 위험한 상황에서 그 상황을 인지하고 스스로 헤쳐나올 수 있도록 경험하게 하는 것도 좋은 학습이 될 수 있었다.

- 우리 아이들의 사춘기도 존중받아야 한다. 비장애 아이들도 부모가 조심스럽게 다가가듯이 아이가 커가면서 겪는 자연적인 변화로 받아들이자. 아이가 모른다고 어린아이로 취급하면서 인정해주지 않거나 무조건 엄마의 생각대로 방향을 잡으려고 하지 않아야 한다. 아이도 조금씩 성장한다는 것을 믿고 그에 따라 엄마의 시각도 변화할 수 있는 유연성을 갖도록 하는 것이 좋다.

질문 6) 초등학교 고학년 자폐 아이가 무엇을 좋아하는지 알 수가 없지만 시키는 것은 또 잘 따라 하는 것 같아서, 치료, 운동, 악기 등 최선을 다해 많이 시키고는 있는데 서서히 제가 지쳐 갑니다. 잘하고 있는 것일까요?

- 교육의 힘을 믿기 때문에 아이가 지치는 것이 아니라면 하는 편이 좋다고 생각한다. 다양한 활동 속에서 아이의 장점이 어떻게 펼쳐질 수 있을지 모르는 일이므로 꾸준하게 한다. 그런데 엄마의 건강도 중요하니 가족과 분담하거나 활동 보조를 통한 도움으로 일정을 잘 조정하면서 하고 있다.
- 엄마는 서서히 지쳐간다는 말에 깊이 공감한다. 그렇다고 아이에게 자극을 주지 않는 것은 옳지 않다. 지혜롭게 나이에 맞는 자극을 계속해야

한다고 본다. 학령기 때는 서로 어울리는 법을 배우기 위한 치료를 고민해야 하고, 좀 크면 건강한 신체 활동을 고민해야 한다. 엄마 본인의 체력 분배에도 신경을 많이 써야 한다. 아이에게도 최선을 다해 많은 자극, 치료 등이 필요하지만, 그에 못지않게 엄마 본인의 삶에 대한 고민도 필요하다고 생각한다. 엄마가 행복해야 아이도 행복하다!

질문 7) 형편이 좋지 않아서 많은 것을 못 해주고 지금까지 공교육과 다소 저렴한 곳을 전전하면서 아이를 키우고 있습니다. 경제적으로 여유롭지 못해서 아이가 받는 교육의 혜택이 다양하지 않아서 아이가 더 지체되는 것이 아닌지 걱정됩니다. 장애와 경제적 어려움의 이중고에 무너질 듯한 나와 아이를 심리적으로 어떻게 지킬 수 있을까요?

- 장기전이라는 각오로 비싼 치료실보다는 복지관 중심으로 다녔다. 저렴해도 좋은 기관도 많아서 도움이 많이 되었다. 뜻이 있는 곳에 길이 있다고 하듯 꾸준히 포기하지 않고 하다 보면 어느 날 성장해 있는 것이 느껴질 것이다.
- 교육의 양이 많고 질 좋은 다양한 교육을 받아서 아이가 좋아지는 것은 아니라고 생각한다. 물론 어느 정도 영향이 있겠지만, 아이가 좋아지는 근본적인 원인은 결국 가정의 환경이 많이 좌우한다고 본다. 가족 구성원 한 사람 한 사람이 건강하여 본인의 삶을 잘 누리고 살아야 발달장애

네 손을 놓지 않을게

인의 든든한 지원자들이 될 수 있고, 결국 가족 구성원 모두의 삶에 건강한 영향을 미치는 것 같다. 우리 아이들의 경우 좀 더 나아보이는 것 같아도 결국은 주위의 도움이 필요한 아이들이다. 아이도 지키고 나도 지킬 수 있는 방법은 비교하지 않고 내 아이만 객관적으로 보는 자세가 아닐까 한다.

질문 8) 장애가 있는 언니를 편하게 받아들이다가 고학년이 되니 문제 행동을 하는 언니에게 너무 화를 내고 답답해합니다. 저도 최대한 둘 다 힘들지 않게 중재를 한다고 하지만 번번이 어렵고 힘듭니다. 어떻게 해야 할까요?

- 초등학생 때는 같은 학교에 보내기도 하고 스스로 장애 형제를 도와주기도 했지만 중·고등학생 때를 대비하여 미리 기숙사 생활이 가능한 학교를 알아보면서 비장애형제의 독립을 준비했다. 아이와 충분히 상의하며 스스로 결정할 수 있도록 도와주었다.
- 우리 집의 경우 일단 시간이 조금은 흘러야 한다고 보았다. 그리고 양육 기간 동안 중재에 초점을 맞추기보다는 형제들끼리의 룰이 형성되도록 자연스럽게 두고 보는 것도 방법인 것 같다. 비장애 형제에게 '엄마가 장애가 있는 형제로 인해 힘들어한다.'라는 인식이 사춘기 비장애 형제에게 더 영향을 주는 듯했다. 그래서 아이가 화를 내고 답답할 수 있으므로 평상시 엄마의 힘든 모습이 비장애 형제에게 자주 노출되는 것을

지양하는 것이 바람직하다.

질문 9) 아이의 언어치료에 대한 조언 부탁드립니다. 그리고 집에서 가족들이 어떤 것들을 공부하고 아이와 함께 시간을 보내주면 좋을지 추천해주세요.

- 언어치료는 초등학교 저학년 때까지 한 것 같다. 이후에는 개인 언어치료보다는 서넛씩 짝을 지어 그룹으로 진행하면서 관계 형성에 도움을 받았다. 아이와 함께 있는 시간에는 책 읽어주기가 가장 효과적이었다. 한 권의 책을 수십 번 읽어준 것 같다. 엄마에게 《하루 15분 책 읽어주기의 힘》이라는 책을 추천한다. 당시는 너무 힘들어서 읽어주면서 울음이 날 정도였는데 수 년 이상이 지난 후 아이에게 표현되어 나오는 것들이 놀라웠다. 신기한 마법 같은 순간이었다. 책 읽기는 교육의 진리!
- 아이가 걷기 시작하면서 등산을 꾸준히 다녔다. 힘든 고비도 많았지만 함께 하면서 서로가 즐겁고 보람있게 할 수 있었던 활동이었다. 건강도 챙길 수 있었지만 무엇보다 가족과의 소통이라는 큰 기쁨이 있다. 힘들게 오르면서 서로 지지해주고 정상에 올랐을 때 뿌듯함 속에서 맛있는 음식을 나누다 보면 모든 어려움이 회복되는 기분이다. 더 나아가서 아이가 자립생활을 할 때 취미와 여가활동으로 이어질 수 있길 희망한다. 몸으로 할 수 있는 영혼의 교육이라고 할까!

- 자기관리에 중점을 두는 것이 중요하다. 양치, 머리 감기, 목욕, 옷 갈아입기, 빨래, 설거지, 주변 정리 등 스스로 할 수 있도록 교육과 연습을 인내심을 갖고 꾸준히 한다. 관공서에 가서 도움 청하기, 키오스크나 은행앱, ATM기기, 지도앱 사용 등 혼자 할 수 있는 일이 많아질수록 아이가 다양한 환경에 대처하는 능력도 생기고 자립에 도움이 될 것이다.

- 교육의 시기에는 나중에 아이가 무얼 할 수 있을까 싶지만 할 수 있는 일은 생각보다 많다. 그저 세상에 대한 겁을 내는 것일 뿐이다. 비장애인들과 마찬가지로 교육의 기간(약 14년~16년)을 지나고 나면 조금은 성장해 있는 자녀를 대할 수 있을 것이다. 물론 커서도 아이 같은 모습은 여전하지만 그렇다고 할 수 있는 일이 없는 것은 아니라는 점을 꼭 기억했으면 좋겠다. 막연한 희망이 아니라 조금 늦고 더딘 진행이지만 그때그때 분명한 단계를 밟고 갈 것이라는 굳은 믿음을 갖자. 다만 궁극에는 개인 신변처리, 위생 등 기본적인 일상생활 훈련은 누구도 대신해줄 수 없으므로 가정에서 꾸준하게 반복해야 한다. 그래야 최소한의 도움으로 자립의 길을 갈 수 있을 것이다.

발달장애인을 위한 기도

이진희

•••

사랑과 축복으로 보내주신 귀한 자녀들이 '발달장애인'이라는 이름에
갇혀 위축되지 않았으면 좋겠습니다.
스스로 능력을 한정 짓지 않고, 있는 그대로의 모습으로 행복하기를
바랍니다.

언제 어디서든 온갖 위험에서 보호되고, 특별히 사랑받고 있음을 알고,
가슴을 쫙 펴고 큰 숨을 쉬었으면 좋겠습니다.
무엇보다 자신이 얼마나 고귀한 존재인지를 스스로 깨닫고
꿈을 갖고 그 소박한 꿈을 이룰 수 있기를 바랍니다.

그들이 사는 세상은 다름을 인정하여 편견을 갖지 않았으면 좋겠습니다.
보이는 것보다 보이지 않는 것이 더 아름다울 수 있음을 알고
안전하고 공평하고 정의로운 참 좋은 세상이 되기를 바랍니다.

오늘도 어디선가 긴장 속에 하루를 보냈을 우리들의 귀한 자녀
욕심 없고 순수한 우리 발달장애인들이
늘 건강하고 그저 보통의 행복을 누렸으면 좋겠습니다.
꼭 그럴 수 있기를… 바랍니다.

1 판 1 쇄　1쇄 발행 2024년 11월 15일

엮 은 이　우리맘모아
펴 낸 이　김혜라

진행총괄　조미진(반포종합사회복지관 관장)
진　　행　이현정, 홍은주
편집총괄　이진희
편　　집　김광진, 김사라, 김정수, 김진희, 박은주, 정순연
디 자 인　최진영

펴 낸 곳　도서출판 상상미디어(등록번호 제312-1988-065)
주　　소　서울 중구 퇴계로30길 15-8 무석빌딩 5층
전　　화　02-313-6571~2, 02-6212-5134
전자우편　3136572@hanmail.net

ISBN 978-89-88738-37-5(13190)
값 15,500원